Trois Colonnes Au Tonkin, 1894-1895...

Joseph-Simon Galliéni

TROIS COLONNES

AU TONKIN

(1894-1895)

DU MÊME AUTEUR

———

UNE COLONNE

DANS

LE SOUDAN FRANÇAIS

(1886-1887)

Paris, 1888, broch. in-8 avec croquis.   1 fr. 25

Général GALLIENI

ANCIEN COMMANDANT DU 2ᵉ TERRITOIRE MILITAIRE AU TONKIN

TROIS COLONNES

AU

TONKIN

(1894-1895)

PARIS

LIBRAIRIE MILITAIRE R. CHAPELOT ET Cᵉ

IMPRIMEURS-ÉDITEURS

SUCCESSEURS DE L. BAUDOIN

30, Rue et Passage Dauphine, 30

1899

TROIS COLONNES
AU TONKIN
(1894–1895).

PRÉFACE

Pendant que j'exerçais le commandement du 2ᵉ territoire militaire au Tonkin, j'ai été chargé, par le général en chef, de diriger plusieurs opérations contre les bandes pirates qui tenaient alors presque toute la haute région. Par suite de l'extension de nos possessions d'outre-mer, le nombre de nos officiers appelés à prendre part à des opérations de guerre aux colonies s'augmente constamment. Il m'a paru qu'il serait peut-être utile et intéressant pour eux de donner ici le récit des trois colonnes, que j'ai eu à conduire dans le Caï-Kinh, contre le chef pirate Ba-Ky, et dans le Yen-Thé. Bien que les grands principes de la guerre soient toujours les mêmes en tous pays et contre tous les adversaires, leurs applications varient suivant la nature des régions qui servent de théâtres d'opérations et suivant l'armement et la tactique des ennemis que nous avons à combattre. Un commandant de colonne ne donnera pas les mêmes règles de marche et de combat à ses troupes, si elles opèrent au Soudan ou au Tonkin. Au Soudan, la colonne prendra presque toujours la formation en carré, qu'il s'agisse de bivouac ou de combat [1].

---

[1] Voir *Une Colonne dans le Soudan français (1886-87). (Journal des Sciences militaires de novembre 1887.)*

Gallieni. 1

Les petits postes ou sentinelles de surveillance seront placés à peu de distance en avant de la troupe. Au Tonkin, au contraire, on agira par petites colonnes séparées et indépendantes, concourant à un même but, mais pouvant se glisser aisément à travers les défilés et criques qui constituent le principal caractère topographique de la haute région. Le système de sécurité des troupes au bivouac sera bien plus perfectionné qu'au Soudan et comprendra de nombreux petits postes et groupes de sentinelles, installés aux cols et sur les accidents de terrain, couvrant la position. Au Tonkin même, les règles de conduite des troupes ne sont pas les mêmes suivant les régions, et nos soldats ne combattent pas dans les forêts du Yen-Thé comme dans les montagnes du Caï-Kinh.

Le compte rendu de ces expéditions fournira donc des renseignements qui pourront être utiles à ceux de nos camarades que leur service appelle à opérer dans la haute région du Tonkin. C'est la pensée qui m'a conduit à exposer ci-après les principaux événements militaires qui ont marqué mon commandement du 2e territoire, de 1893 à 1896.

Tananarive, le 21 février 1899.

GALLIENI.

OPÉRATIONS DANS LE CAÏ-KINH

(Décembre 1893-Janvier 1894).

I.

EXPOSÉ GÉOGRAPHIQUE ET POLITIQUE:

Le 1er décembre 1893, je recevais l'ordre de M. le Gouverneur général, transmis par M. le général commandant en chef, de prendre le commandement du 2e territoire militaire, à Lang-Son.

Ce territoire comprenait les cercles de Lang-Son et de Cao-Bang et le commandement de la ligne du chemin de fer, en exploitation ou en construction, de Phu-Lang-Thuong à Lang-Son.

La situation était alors la suivante :

Le 2e territoire militaire s'étendait le long de la frontière de Chine, bordant la province chinoise du Quang-Si. Nos postes principaux, Lang-Son, Dong-Dang, Na-Cham, That-Khé, Cao-Bang, tenaient la route principale de Lang-Son à Cao-Bang, laissant entre eux et la frontière de Chine une zone, dont l'épaisseur allait en augmentant, au fur et à mesure que l'on s'éloignait de Lang-Son. Cette zone, habitée par des populations Thos et Mans, était tout entière aux mains des bandes pirates qui y étaient installées à demeure, venaient constamment piller nos convois et nos marchands sur la route, opéraient souvent de concert avec les bandes du Sud et, après les razzias fructueuses, allaient se débarrasser en Chine du produit de leurs pillages : femmes, enfants, bestiaux, qu'ils échangeaient contre des armes, des cartouches et de l'opium. Les autorités chinoises de la frontière étaient toutes de connivence avec les chef de bandes, dont elles favorisaient les entreprises moyennant d'honnêtes rétributions de la part de ceux-ci.

Le commandant du 2e territoire militaire avait aussi dans ses attributions la surveillance à exercer sur la ligne du chemin de fer. Celle-ci ne fonctionnait, et encore dans les plus mauvaises conditions, que jusqu'à Bac-Lé (kil. 41). De ce point à Lang-Son, sur une longueur de 60 kilomètres, elle était en construc-tion, et même, en décembre 1893, au moment où je prenais le commandement, les travaux étaient presque partout arrêtés en raison d'une mauvaise organisation de l'entreprise et surtout des faits de piraterie qui avaient eu lieu les mois précédents. La ligne, en effet, entre Sui-Ganh (kil. 19) et Lang-Nac (kil. 71), traversait le pays le plus difficile, le plus accidenté, le plus cou-vert que l'on pût imaginer. D'un côté, à l'est, le Bao-Day, avec ses monts boisés, ses ravins profonds, se reliant à la Chine par les montagnes du Mauson et fournissant des abris impénétrables aux bandes chinoises, venant du Quang-Si; de l'autre côté, à l'ouest, le Caï-Kinh, bordé le long du chemin de fer par une haute muraille de pierre et composé d'une multitude de cirques, fertiles et bien arrosés, mais entourés de hauteurs rocheuses, à flancs inaccessibles et boisés, ne communiquant entre eux que par des cols difficiles, impraticables aux chevaux et animaux de bât. Ces deux régions sont, pour le moment, à peu prés inha-bitées, les villages s'étant dépeuplés à la suite des ravages des pirates et les habitants s'étant réfugiés dans les grottes et les montagnes où ils succombent de faim et de misère; de grandes bandes chinoises, commandées par des chefs redoutés ont donc élu domicile dans le Bao-Day et le Caï-Kinh, dans ce dernier pays surtout. De là elles viennent pousser des incursions pério-diques sur la ligne ferrée, attaquant et brûlant les villages, dis-persant les chantiers, enlevant les isolés, guettant les quelques Européens, voyageurs ou employés des travaux publics qui par-couraient la ligne. A la suite du payement de rançons, que le gouvernement du protectorat avait eu le tort de compter à ces bandits pour racheter plusieurs de nos compatriotes tombés entre leurs mains, de véritables agences commerciales s'étaient créées en Chine pour procéder à l'enlèvement des Français insuffisamment protégés par les escortes. En moins de quelques mois trois Français. MM. Roty, Bouyer et Fritz, avaient été ainsi capturés et se trouvaient entre les mains des pirates, dans leur fameuxrepaire de Lung-Lat. D'autres avaient été tués. Bref, au mois de décembre 1893, une terreur régnait sur la ligne ferrée; les chantiers étaient arrêtés; personne n'osait plus s'aven-turer sur la ligne.

II.

DIRECTION GÉNÉRALE A ADOPTER.

La situation étant telle, j'arrêtai de suite les propositions qui me semblaient, suivant moi, devoir écarter les dangers qui menaçaient la ligne ferrée. Il fallait parer au plus pressé, dégager la route du delta vers Lang-Son, sauf à s'occuper ensuite de la région de la frontière. Ces propositions sont contenues dans les deux télégrammes suivants, que j'adressais dès le 4 décembre au général en chef, avant même de quitter les Sept-Pagodes, où je résidais auparavant comme commandant du 1er territoire militaire.

Sept-Pagodes, 4 décembre 1893.

TERRITOIRE A GÉNÉRAL EN CHEF.

N° 1242. — J'estime dès maintenant que le seul moyen de protéger efficacement ligne chemin de fer et nous préserver nouveau attaques et enlèvements, est de tenir dégagées les régions du Caï-Kinh et du Bao-Day, bordant la route de Lang-Son. En ce qui concerne Caï-Kinh, il y aurait lieu de demander gouverneur général être autorisé avoir de suite contre repaire Lung-Lat déjà tenu en observation par troupes établies par commandant Barre sur les positions qu'il a choisies. Ces troupes pourraient à la rigueur immobiliser la bande de 1300 fusils qui occupe le repaire, mais il faudrait alors les maintenir constamment en position, ce qui occasionnerait aux hommes d'énormes fatigues et de gros frais de ravitaillement. Il vaut mieux se résoudre dès maintenant à disperser la bande et, pour cela, marcher sur le repaire en trois colonnes. 1er territoire pourra momentanément prêter deux compagnies tirailleurs, et on prendra à Hanoï les deux compagnies Européens nécessaires pour compléter les colonnes. Pour artillerie que je juge nécessaire adjoindre également à ces colonnes, vous enverrai propositions définitives dès mon arrivée Phu-Lang-Thuong où serai le 6 courant et où ai donné rendez-vous à commandant Barre. Bande dispersée, il sera possible prendre telles mesures qui seront nécessaires pour occupation définitive Caï-Kinh et empêcher retour des grosses bandes qui ont porté la terreur sur ligne chemin de fer pendant plusieurs mois. En résumé, pour ne pas perdre de temps et utiliser bonne saison, il serait indispensable que gouverneur général donnât de suite autorisation commencer opérations. J'estime, en outre, si nous voulons empêcher nouveaux enlèvements, qu'il faut agir énergiquement contre bandes, sans nous préoccuper Européens

prisonniers ; je ferai d'ailleurs tout mon possible pour essayer les délivrer en cours opérations.

Sept-Pagodes, 4 décembre 1893.

Nº 1243. Suite à télégramme nº 1242. — Il est également nécessaire
maîtriser Bao-Day et empêcher que bandes rejetées du Caï-Kinh ne
fassent la navette et ne viennent s'y réfugier. Pour assurer ce résultat le
plus simplement et avec le moins de frais possible, vous proposerai
demander à gouverneur général organisation d'une colonne mobile de
linhs-cô et de partisans placés sous les ordres de Doc-Xuyet, le huyen
de Loc-Nam qui nous a déjà donné de nombreuses preuves de son
dévouement et de son énergie ; il aurait sous sa direction 200 linhs-cô et
200 partisans. Je pourrais déjà mettre à sa disposition 50 linhs-cô, mais
il lui en faudrait 150 autres nouveaux à recruter dans le Loc-Nam, d'où
une dépense nouvelle de 500 piastres environ. De plus, il serait indispensable nourrir partisans, d'où une nouvelle dépense mensuelle de
400 piastres, au total par mois 1000 piastres. Cette colonne mobile
serait constamment dans le Bao-Day, battant le pays à l'est de la ligne
Kep-Than-Moï. Elle pourrait être appuyée au besoin par nos forces
régulières des postes du Loc-Nam. Bien entendu, ces mesures de protection de la ligne du chemin de fer prendraient fin à l'achèvement
du tronçon Bac-Lé—Than-Moï. Dès autorisation gouverneur général
donnée, ferai procéder immédiatement à organisation colonne mobile et
au recrutement des 150 linhs-cô, tous pris parmi anciens tirailleurs ou
partisans région.

Ces deux télégrammes indiquaient la ligne de conduite que
j'entendais suivre vis-à-vis des bandes pirates, qui occupaient
le Caï-Kinh et le Bao-Day depuis si longtemps et menaçaient la
ligne du chemin de fer. Ils recevaient aussitôt l'approbation du
chef de la colonie.

Le Bao-Day étant tenu et surveillé par la colonne volante de
Doc-Xuyet et par nos garnisons du Loc-Nam, ce que j'estimais
suffisant pour le moment, je portais tous mes efforts sur le Caï-
Kinh, qui devenait ainsi le théâtre principal de nos opérations.

III.

SITUATION DANS LE CAI-KINH.

La situation y était la suivante à la date du 6 décembre, jour
de mon arrivée à Phu-Lang-Thuong :

Les bandes pirates, chassées par le commandant Barre du repaire de Len-Daï, avaient reporté le centre de leurs opérations à Lung-Lat ; Lung-Lat était un cirque rocheux qu'elles avaient transformé en un repaire que l'on disait formidablement organisé et d'où partaient les détachements qui venaient rançonner la ligne du chemin de fer et la route de Lang-Son à Cao-Bang. Elles étaient d'ailleurs complètement maîtresses du pays. Tous les villages du Caï-Kinh leur payaient l'impôt. Nos trois compatriotes : Bouyer, Roty et Fritz, s'y trouvaient prisonniers. Les renseignements étaient arrivés à fixer à peu près la composition de ces bandes : Quatre groupes de 200 hommes chacun, plus un détachement d'une quarantaine d'hommes, total 800 à 900 hommes se trouvant répartis comme suit : un premier groupe commandé par Thaï-Ngan, un deuxième commandé par un dé-doc nommé Ca-Qui, ancien mandarin annamite ayant acquis quelque notoriété lors de la défense de Thaï-Nguyen contre les Français, puis réfugié en Chine d'où il était arrivé vers le 3 décembre 1893 ; un troisième groupe commandé par un parent de Luu-Ky, nommé Dé-Ky et qui n'était autre probablement que Lieu-Tinh ; enfin, un quatrième groupe commandé par la veuve de Luu-Ky ; le détachement d'une quarantaine d'hommes formait la garde personnelle de Thaï-Ngan. Cent hommes de chaque groupe gardaient le repaire à un jour ou un jour et demi de marche, principalement vers Pho-Binh-Gia et Hun-Len, les pirates ne se croyant menacés que par deux colonnes françaises. La garde immédiate du repaire était formée par une douzaine d'hommes surveillant les portes vers Hun-Vinh et Bac-Son, par lesquelles seules les habitants ont accès dans le repaire. En outre, des sentinelles étaient placées en observation sur les rochers formant l'enceinte du cirque. Chaque groupe avait pour mission, en cas d'attaque, de défendre une face du repaire. Les bandes possédaient environ 900 fusils dont un tiers de Winchester, quelques fusils de 1886 ; le reste étaient des fusils Gras provenant du Dong-Trieu. Chaque homme avait 150 cartouches environ qu'il portait sur lui : aucune réserve n'était constituée. Les vivres étaient en petite quantité et distribués au jour le jour très parcimonieusement. Enfin, le repaire lui-même était constitué par quatre villages établis aux quatre angles et occupés chacun par un groupe, les dimensions du cirque étant d'environ

1200 mètres dans le sens Nord-Sud et 600 mètres dans le sens Est-Ouest.

Heureusement quelque division s'était mise parmi les différents chefs de bande, et l'un d'eux, Lam-Nghi, s'était séparé de ses compagnons, pour aller opérer dans le Bao-Day. Mais il était hors de doute que les bandes de Lung-Lat, commandées par le chef Thaï-Ngan, connu depuis longtemps dans toute la région et auquel certains coups heureux contre nos convois ou colonnes avaient donné un grand prestige aux yeux des habitants, constituaient un rassemblement redoutable, fortifié dans un cirque réputé inexpugnable et contre lequel nos colonnes étaient déjà venues se heurter inutilement en 1892.

Le 8 décembre encore, le capitaine Delaunay, se rendant de Hun-Len à Tran-Yen, avec une escorte d'une trentaine d'hommes, tombait dans une embuscade : il était tué; l'escorte perdait un légionnaire et deux tirailleurs tués, plus deux tirailleurs blessés.

D'autre part, après l'enlèvement de Len-Daï, le commandant Barre avait échelonné à Tran-Yen, Hun-Len et Ban-So, les trois groupes : Brodiez, Rémond et Genty, qui composaient sa colonne, forte au total de 432 fusils. Ces forces étaient trop dispersées : le principe essentiel de la concentration des forces s'impose au Tonkin, comme ailleurs. Les groupes extrêmes, le groupe Brodiez notamment, étaient très aventurés, loin de toute base de ravitaillement, privés par suite de vivres et de munitions.

IV.

OPÉRATIONS PRÉLIMINAIRES. — LA QUESTION DU RAVITAILLEMENT.

Il était essentiel de renforcer d'abord les groupes du commandant Barre ; je prescrivais donc à Lang-Son d'envoyer un peloton de la 7ᵉ compagnie du 3ᵉ tonkinois sur Van-Linh, et je faisais diriger en même temps sur ce point environ 120 hommes d'infanterie de marine, destinés à combler les vides des compagnies de cette arme, qui se trouvaient en colonne depuis le commencement d'octobre et avaient eu de nombreuses évacuations.

Ignorant encore complètement la situation de nos divers

groupes, sur lesquels le commandant Barre ne pouvait me donner que des renseignements insuffisants, je me bornais à prescrire de concentrer le gros de la colonne à Hun-Len, de ramener sur ce point le groupe Brodiez, toujours à Tran-Yen et sur lequel l'on n'avait que peu de nouvelles, et j'insistais de la manière la plus énergique auprès des services administratifs, pour assurer le ravitaillement de la colonne.

Il n'était déjà plus temps : dès le 11 décembre, le capitaine Brodiez de plus en plus pressé par les pirates et réduit à la plus stricte défensive par l'absence de vivres et de coolies, avait dû évacuer le village de Tran-Yen et se retirer dans un petit massif rocheux voisin, d'où il pouvait mieux se défendre contre ses nombreux adversaires ; puis, cerné par des forces supérieures, manquant de vivres depuis deux jours, sur le point de manquer de munitions, il avait pris un parti héroïque et, dans la nuit du 13 au 14 décembre, il s'était fait jour au travers des masses ennemies qui occupaient toutes les hauteurs rocheuses avoisinantes. Il avait abandonné tous ses bagages et, par une marche audacieuse vers l'Ouest, avait pu gagner Tri-Lé, ne perdant en route qu'un soldat européen et quatre tirailleurs tués.

C'est alors que je prescrivais au lieutenant-colonel Chapelet, commandant le cercle de Lang-Son, d'aller prendre le commandement de nos troupes à Hun-Len. Il recevait des instructions écrites, se résumant en ceci : « En attendant la formation des autres colonnes, concentrer à Hun-Len toutes les forces opérant actuellement dans le Caï-Kinh ; remettre son monde en main ; pousser des reconnaissances prudentes vers Lung-Lat et s'efforcer de maintenir les bandes pirates dans leur repaire, en couvrant toujours la ligne de chemin de fer ; enfin, s'occuper avant tout d'organiser solidement sa ligne de ravitaillement entre Cho-Trang et Van-Linh d'une part, Hun-Len d'autre part. »

Cependant, le ravitaillement était toujours en souffrance et, malgré mon insistance, malgré mes énergiques représentations, le service administratif ne pouvait parvenir à réunir les coolies nécessaires au transport des vivres dans le Caï-Kinh ; nos troupes étaient forcées de subsister au jour le jour.

L'organisation de ce service était ma plus grande préoccupation. J'ai toujours estimé, avec juste raison, je crois, que le ravitaillement des troupes doit être le premier et le plus constant

des soucis d'un chef ; mais durant toute cette période de préparation j'avais à lutter contre un système défectueux, en usage
alors au Tonkin ; l'indépendance des services administratifs vis-
à-vis du commandement, qui, cependant, avait seul en mains les
moyens d'action nécessaires pour opérer ce ravitaillement, donnait ici ses résultats accoutumés : les magasins étaient vides, les
vivres et munitions étaient entassés à Than-Moï, base du ravitaillement, dans des abris en paillottes, exposés à l'incendie et aux
intempéries, sous la surveillance et la responsabilité d'un simple
magasinier incapable de répondre au moindre renseignement
qui lui était demandé ; les agents du service administratif, n'ayant
pas sous leur autorité les fonctionnaires indigènes, ne pouvaient
recruter les coolies nécessaires pour le transport des vivres sur
Van-Linh et, de là, sur la colonne.

Le télégramme ci-dessous, que j'adressais le 9 décembre au
général commandant en chef, indique la situation :

TERRITOIRE A GÉNÉRAL EN CHEF.

N° 1374 *bis*. — Bandes pirates, enhardies par notre inaction et par leur
récent succès contre le convoi Delaunay, ont pris offensive contre groupe
Brodiez, fortifié à Tran-Yen ; situation devient très critique par suite
absence vivres, munitions. Nouveaux renforts ne peuvent quitter Bac-Lé
et Than-Moï, coolies manquant pour transport vivres nécessaires. Dans
ces conditions, impossible attendre et si services administratifs ne
prennent pas dès demain mesures énergiques pour réunir coolies Than-
Moï et concentration vivres Van-Linh, il devient indispensable se replier
sur ce poste, ce qui constituera mouvement très dangereux, compromettra succès de nos opérations futures dans Caï-Kinh et nuira à sécurité chemin de fer. Vous prie me donner instructions à ce sujet, car nous
n'avons pas attendre réponse gouverneur général [1] et nous ne pouvons
plus rester dans le Caï-Kinh, si mesures très énergiques ne sont pas
prises dès demain par services administratifs pour ravitaillement. Du
reste ne puis continuer à exercer commandement dans ces conditions
et vous prierais, dès arrivée gouverneur Haïphong, lui présenter ma
demande rester Sept-Pagodes si services administratifs non placés sous
mes ordres. Phu-Lang-Thuong même ne possède aujourd'hui que trois
barriques vin et vingt caisses farine.

---

[1] M. de Lanessan, gouverneur général, se trouvait alors en tournée à
Saïgon (Cochinchine).

Le lendemain, un incendie consumait les magasins de vivres et de munitions de Than-Moï. Je l'ai dit plus haut, aucune mesure de précaution n'avait été prise pour parer à un semblable accident. Aucune responsabilité ne pouvait être saisie. Ce sinistre occasionnait à l'État une perte d'environ 50,000 francs et mettait nos forces du Caï-Kinh dans la situation la plus fâcheuse.

Afin de ne pas découvrir la ligne ferrée contre les bandes, devenues de plus en plus audacieuses, je prescrivais néanmoins à la colonne Barre de rester sur ses positions et je demandais au service administratif de changer sa ligne de communication en dirigeant désormais ses approvisionnements par Bac-Lé, Cho-Trang et Hun-Len; on évitait ainsi le transport jusqu'à Than-Moï et de là jusqu'à Van-Linh et Hun-Len, par des chemins rocheux excessivement difficiles.

Mais, deux jours après, en présence de cette situation, qui commençait à devenir critique, et de la pénurie de vivres, j'adressais le télégramme suivant au chef des services administratifs militaires à Hanoï :

Territoire a Chef Services administratifs Hanoï.

N° 1468. — Général en chef m'ayant autorisé correspondre directement avec vous, viens vous remercier concours que voulez bien me promettre de la part de tous. Toutefois, il est de mon devoir vous faire connaître que tout marche aussi mal que possible sur la ligne de ravitaillement de Phu-Lang-Thuong à Lang-Son; gérants d'annexe ne savent ce qu'ils ont à faire et se plaignent n'être point renseignés sur arrivées et départs convois; approvisionnements sont réunis dans paillottes en ruines, exposés à danger imminent d'incendie ou, comme à Bac-Lé, sont laissés en plein air, près gare chemin de fer, sans avoir été signalés à gérant du poste. Coolies manquent totalement et, ce matin, moi-même n'ai pu quitter Bac-Lé qu'à grand'peine, par suite absence coolies; matériel voitures est en mauvais état et toujours trop chargé; faute coolies, ai dû faire traîner voitures par tirailleurs et laisser partie bagages en détresse entre Bac-Lé—Than-Moï; même chose est arrivée hier commandant Barre, qui a dû laisser voitures brisées en arrière avec munitions dont besoin absolument urgent colonne. Représentants entreprise transport négligent leur affaire, se désintéressent de tout et ne nous secondent nullement. Actuellement 12 décembre, 60 coolies seulement ont pu parvenir Bac-Lé et faire premier petit convoi sur Than-Moï. Colonne toujours aux prises avec pirates, non loin repaire Lung-Lat, et va être forcée, malgré mes ordres, abandonner ses positions par suite manque vivres et munitions, ce qui compromettra succès opérations futures et découvrira à nouveau ligne chemin de fer. Cho-Trang, Van-Linh, Than-Moï, premières bases ravitaillement colonne, sont vides de vivres. En résumé, pénurie, désordre et confusion sont à leur comble. J'attends avec impatience débarquement gouverneur général pour le faire informer que je demande à quitter immédiatement commandement, ne voulant point dans ces conditions assumer responsabilité opérations, sécurité ligne chemin de fer et mesures à prendre pour faire face à situation actuelle.

Ce ne fut que lorsque j'eus obtenu gain de cause, lorsqu'on m'eut enfin confié le soin de me ravitailler moi-même et de recruter les coolies qui m'étaient nécessaires, que je pus donner l'ordre de mouvement aux troupes; ces tergiversations et discussions stériles avaient fait perdre un mois.

V.

ORGANISATION DES TROIS COLONNES.

Dès le 18 décembre cependant, je constituais les colonnes appelées à concentrer leurs efforts sur Lung-Lat. L'ordre n° 1, ci-après reproduit, donnait la composition de chacune d'elles, mais ne pouvait indiquer, même approximativement, la date de leur mise en route, en raison de l'absence de porteurs et du dénuement des magasins qui, sur le théâtre des opérations, devaient les ravitailler.

Ordre n° 1.

I. — Conformément aux ordres du général commandant en chef, une colonne sera formée pour chasser les bandes pirates qui occupent le Caï-Kinh et particulièrement le cirque de Hung-Lat.

L'attaque se fera par trois groupes suivant trois directions convergentes vers le cirque de Lung-Lat.

II. — Le premier groupe, dit colonne n° 1, sera composé de la manière suivante :

1° *État-major*. — Commandant de la colonne, commandant *Famin*; officier d'état-major, capitaine *Chabrol*, de l'état-major de M. le général commandant en chef; médecin, docteur *Thoulon*, major de la 6° batterie *bis;*

2° *Troupes*. — Deux compagnies d'infanterie de marine à 100 hommes chacune venue d'Hanoï. La 13ᵉ compagnie du 2ᵉ tonkinois. Une section de 50 tirailleurs de la garnison de Bo-Ha, commandée par le capitaine *Orlanducci*. Un détachement d'artillerie comprenant 1 officier et 12 artilleurs, dont moitié Européens, avec une pièce de 80 approvisionnée à 120 coups;

3º *Partisans*. -- 50 partisans du huyen de Vu-Nhaï;

4º *Munitions de réserve*. — 6 caisses de cartouches 1886 et 6 caisses de cartouches 1879; 50 fusées de signaux (25 rouges, 25 blanches); 10 tubes incendiaires;

5º *Outils*. — 30 pelles, 20 pioches, 10 pics à roc, 10 leviers en fer, 20 serpes, 10 scies passe-partout, 2 égoïnes, 20 haches de bucheron, 10 kilogrammes de cordage, 10 kilogrammes de fil de fer galvanisé, 10 pinces coupantes;

6º *Vivres*. — Les Européens emporteront sur eux deux jours de vivres, et les indigènes (tirailleurs ou coolies) quatre jours. Le convoi portera, en outre, dix jours de vivres pour les Européens et six jours pour les indigènes;

7º *Convoi*. — Il sera affecté à cette colonne 644 coolies, savoir : 16, état-major; 68, compagnies d'infanterie; 34, 13ᵉ compagnie de tirailleurs; 14, section Orlanducci; 104, artillerie, dont 14 pour personnel, 30 pour la pièce, 60 pour 120 coups; 12 pour carabines partisans huyen Vu-Nhaï; 4 pour cantine médicale; 24 pour 12 caisses réduites cartouches; 12 pour les outils de terrassier; 2 pour les fusées signaux et tubes incendiaires; 162 pour 10 jours de vivres pour les 220 Européens; 192 pour 10 jours de vivres pour 800 tirailleurs et coolies.

III. — Le deuxième groupe ou colonne nº 2 sera formé avec les troupes opérant actuellement dans le Caï-Kinh et sera composé de la manière suivante :

1º *État-major*. — Commandant de la colonne, M. le lieutenant-colonel *Chapelet*, du 3ᵉ tonkinois, commandant le cercle de Lang-Son.

Commandant en second, commandant *Barre*, du 2ᵉ bataillon étranger, commandant le cercle annexe de Bac-Lé.

Médecin, docteur *Baur*, du 2ᵉ bataillon étranger;

2º *Troupes*. — Capitaine *Ernst*, du 10ᵉ de marine, 150 fusils. Capitaine *Genty*, du 9ᵉ de marine, 100 fusils. 20 fusils légion, lieutenant *Garelly*. 20 fusils légion, lieutenant *Colombat*. Capitaine *Brodiez* (6ᵉ compagnie du 3ᵉ tonkinois), 65 tirailleurs. Lieutenant *Maillard* (7ᵉ compagnie du 1ᵉʳ tonkinois), 100 tirailleurs. Capitaine *Rémond* (9ᵉ compagnie du 3ᵉ tonkinois), 50 tirailleurs. Lieutenant *Hilaire* (2ᵉ compagnie du 2ᵉ tonkinois), 50 tirailleurs. Lieutenant *Weinel* (7ᵉ compagnie du 3ᵉ tonkinois), 50 tirailleurs. L'artillerie de cette colonne lui sera fournie par la troisième colonne, quand on sera devant Lung-Lat;

3º *Partisans*. — Les partisans levés du côté de Van-Linh et Tri-Lé accompagneront cette colonne;

4° *Munitions de réserve et outils*. — Les mêmes que pour la première colonne ;

5° *Vivres*. — Les Européens emporteront sur eux deux jours de vivres, et les indigènes quatre jours. Le convoi portera, en outre, quatre jours de vivres pour les Européens et les indigènes ;

6° *Convoi*. — Il sera affecté à cette colonne 449 coolies, savoir : état-major, 12 ; 2 compagnies d'infanterie de marine, 68 ; 1 section légion, 14 ; 2 compagnies de tirailleurs, 68 ; cantine médicale, 4 ; 12 caisses de cartouches, 24 ; outils, 12 ; fusées signaux, 2 ; 4 jours de vivres pour 800 tirailleurs et coolies, 128 ; 4 jours de vivres pour 360 Européens, 108.

IV. — Le troisième groupe, ou colonne n° 3, sera composé de la manière suivante :

1° *État-major*. — Commandant de la colonne : colonel *Gallieni*, commandant les 1ᵉʳ et 2ᵉ territoires militaires ; lieutenant *Martin*, officier de renseignements du colonel ; médecin, docteur *Girard*, du 2ᵉ tonkinois ;

2° *Troupes*. — Capitaine *Brulard* (4ᵉ compagnie du 2ᵉ bataillon étranger), 60 fusils. Lieutenant *Met*, prélevé sur la garnison de Pho-Binh-Gia, 30 fusils. Capitaine *Betboy* (3ᵉ compagnie du 2ᵉ bataillon étranger), 50 fusils. Lieutenant *Valton* (3ᵉ compagnie du 2ᵉ tonkinois), 50 fusils. Capitaine *Lagarrue* (7ᵉ compagnie du 2ᵉ tonkinois), 200 fusils. Une section d'artillerie commandée par le capitaine de la 5ᵉ batterie *bis*, comprenant un lieutenant et 24 artilleurs, dont moitié Européens, avec deux pièces de canon et un mortier approvisionnés à 120 coups ;

3° *Partisans*. — Les partisans de Pho-Binh-Gia marcheront avec cette colonne ;

4° *Munitions de réserve et outils*. — Les mêmes qu'aux premier et deuxième groupes ;

5° *Vivres*. — Les Européens emporteront sur eux deux jours de vivres, et les indigènes (tirailleurs ou coolies) quatre jours ; le convoi emportera, en outre, quatre jours de vivres pour les Européens et indigènes ;

6° *Convoi*. — Il sera affecté à cette colonne 672 coolies ainsi répartis : état-major, 20 ; une compagnie légion, 34 ; deux compagnies de tirailleurs, 68 ; personnel d'artillerie, 14 ; deux pièces de 80 et un mortier de 90, 360 coups, 180 ; fusées signaux, 2 ; cantine médicale, 4 ; 12 caisses de cartouches, 24 ; outils de pionniers, 12 ; 4 jours de vivres pour 180 Européens, 56 ; 4 jours de vivres pour 1000 tirailleurs et coolies, 172. Tous les coolies qui prendront part aux opérations seront entièrement à la disposition des commandants de colonnes.

V. — Il sera mis à la disposition des commandants de colonnes une somme de 100 piastres pour le service des renseignements.

VI. — Les coolies devront être encadrés avec de bons caïs (1 par 10) et de bons doïs (1 pour 50). Ils porteront comme signe distinctif un brassard blanc et numéroté.

Des centres de ravitaillement, auxquels les colonnes pourront se ravitailler à l'aide de leurs coolies, seront établis à :

Cho-Trang, 8 jours de vivres pour 300 Européens et 800 indigènes ;

Van-Linh, puis plus tard à Hun-Len, 30 jours de vivres pour 600 Européens et 1800 indigènes ;

Pho-Binh-Gia, 30 jours de vivres pour 200 Européens et 800 indigènes.

Ces magasins seront eux-mêmes réapprovisionnés, au fur et à mesure des consommations, par les soins de l'administration qui fera venir les vivres de Than-Moï, Bac-Lé et Lang-Son.

Les colonnes seront constituées dès que les services administratifs auront réuni les coolies et formé les magasins d'approvisionnements.

La première colonne, formée à Phu-Lang-Thuong, se dirigera, par Bo-Ha, Motrang, Déo-Hinh, Vu-Nhaï et Hung-Giao, sur Vu-Lang.

La deuxième colonne, partant de Hun-Len, se portera par Tran-Yen à Mo-Nhaï.

La troisième colonne se formera à Pho-Binh-Gia et se dirigera sur Déo-Lung-Luong.

Ces trois colonnes, arrivées aux débouchés des chemins pénétrant dans le massif montagneux de Lung-Lat, chercheront immédiatement à se donner la main, de manière à former un cercle enveloppant complètement le cirque occupé par les bandes. A ce moment, la deuxième colonne recevra son artillerie de la troisième. Le blocus commencé, les première et deuxième colonnes se ravitailleront à Hun-Len, et la troisième à Pho-Binh-Gia.

VIII. — Messieurs les commandants de colonnes s'occuperont, dès maintenant, de tous les détails d'organisation de leur colonne; ils organiseront leur système de renseignements et s'occuperont de trouver des trams, des émissaires et des guides.

IX. — L'ordre indiquant les dates de mise en mouvement des trois colonnes fera connaître exactement le jour et l'heure où elles devront déboucher sur les points de Vu-Lang, Mo-Nhaï, Déo–Lung-Luong, ainsi que les signaux de correspondance à l'aide de fusées adoptées pour permettre que l'attaque se fasse bien ensemble des trois côtés.

En attendant, M. le commandant de la deuxième colonne, en position vers Hun-Len, prendra toutes les dispositions qu'il jugera convenables pour couvrir la ligne du chemin de fer et maintenir les bandes en conservant le contact jusqu'au jour où, les services administratifs ayant pu réunir les approvisionnements et procurer les coolies indispensables, les première et troisième colonnes pourront se mettre en mouvement.

Le 18 décembre 1893.

Le Colonel commandant les colonnes,

GALLIENI.

Chaque colonne fut subdivisée en *groupes*. Le groupe, qui est devenu classique au Tonkin, est une unité de marche et de combat, composée d'un noyau d'Européens et d'une quantité double ou triple de tirailleurs; il est placé le plus souvent sous les ordres d'un capitaine appartenant à l'une des deux fractions qui le composent et dont chacune conserve à sa tête l'officier de peloton ou le sous-officier qui la commande en temps normal.

Cette organisation a le double avantage : 1º d'unifier la composition des unités d'une colonne, qui comprend ainsi trois, quatre ou cinq éléments de même force et de même valeur, au lieu de deux compagnies européennes à 80 ou 100 fusils et deux ou trois compagnies indigènes à 250 par exemple; 2º de mettre dans chaque unité, en toute circonstance de temps et de lieu, par conséquent, un noyau européen en soutien immédiat des troupes indigènes, dont le moral se trouve décuplé par ce seul fait.

Je donnerai, pour exemple, la composition de la 3ᵉ colonne, placée sous mes ordres directs, telle que la prévoyait l'ordre particulier nº 2.

Ordre nº 2.

La colonne nº 3 sera divisée pendant tout le cours des opérations en quatre groupes, composés comme suit :

1ᵉʳ GROUPE. — Capitaine *Betboy*.

Lieutenant *Détrie*. — Légionnaires.................... 50 } 150
Sous-lieutenant *Muller*. — Tirailleurs................. 100 }

2ᵉ GROUPE. — Capitaine *Lagarrue*.

Lieutenant *Le Rouvillois*. — Tirailleurs............... 100 } 140
Lieutenant *Met*. — Légionnaires.................... 40 }

3ᵉ GROUPE. — Capitaine *Brulard*.

Lieutenant *Valton*. — Tirailleurs .... 100 } 140
Lieutenant *Revellat*. — Légionnaires................. 40 }

4ᵉ GROUPE. — Capitaine *Verreaux*.

Légionnaires.. 50 } 100
Tirailleurs .... 50 }

Elle comprend en plus :

L'ÉTAT-MAJOR. — Lieutenant *Martin*, chargé du service des renseignements, accompagnera le colonel.

L'ARTILLERIE. — Capitaine *Barrand*.

1 section de génie; *Gérard*, sous-chef artificier.....................	Légionnaires	5	} 15
	Tiraillleurs.......	10	
1 section; 2 canons de 80ᵐᵐ, 1 mortier de 15ᵐᵐ. Lieutenant *Blanc*...	Européens	18	} 24
	Indigènes........	6	

L'AMBULANCE. — Docteur *Girard*, médecin chef de la marine, avec personnel et matériel d'ambulance.

LE CONVOI ADMINISTRATIF. — Sergent *Maillet*.

Lang-Son, le 11 janvier 1894.

GALLIENI.

Enfin, les commandants de chaque colonne donnèrent à leurs troupes les instructions qu'ils jugèrent utiles, pour assurer le bon ordre des marches, la sûreté de leurs bivouacs, etc.

Je reproduis ci-dessous les instructions que j'avais adressées à la 3ᵉ colonne.

ORDRE Nº 3.

Mesures à prendre pendant la marche et en cas de rencontre avec l'ennemi.

I. — L'ordre de marche d'un groupe isolé sera le même que l'ordre de marche d'une compagnie; son convoi devra marcher entre le 1ᵉʳ et le 2ᵉ peloton.

L'ordre de marche d'un ou de plusieurs groupes avec l'état-major et l'artillerie sera le suivant :

Pointe d'avant-garde. — Un guide, deux tirailleurs, deux légionnaires et un sous-officier autant que possible.

Distance. — De 100 à 300 mètres, selon le terrain.

Avant-garde. — Une section mixte, plus quatre légionnaires spécialement chargés des travaux de déblaiement avec un coolie portant une scie, deux haches, une pelle et deux pioches.

Distance. — De 100 à 200 mètres.

Gros de la colonne. — Un peloton mixte, marchant à 100 ou 200 mètres de l'avant-garde. — État-major avec les interprètes, des trams et des guides.

L'artillerie. — La section de munitions en tête du convoi avec les caisses portées par des coolies sous la conduite d'un gradé désigné par le commandant de l'artillerie.

Ambulance sous la direction de M. le médecin de 1ʳᵉ classe Girard. — Convoi régimentaire sous la conduite d'un caporal. — Convoi administratif sous la direction du sergent Maillet.

Les deux pièces de montagne pourront marcher pendant les sept premiers kilomètres de la première étape, c'est-à-dire jusqu'au point où l'on quitte la route de Dong-Dang, et, à partir de cet endroit, elles pourront être transportées par les mulets jusqu'à Pho-Binh-Gia; à partir de ce point, elles ne pourront plus être transportées que par les coolies.

Pendant les marches et les manœuvres, les sonneries seront remplacées par le sifflet; tous les officiers et les sous-officiers devront en être pourvus, afin de pouvoir transmettre sous bois les commandements d'en avant et de halte.

Le premier se composera de nombreux petits coups de sifflet; le signal de halte sera indiqué par un très long coup de sifflet.

Le colonel exigera le plus grand ordre et le plus grand silence pendant les marches. La colonne devra toujours être sur ses gardes et prête à combattre.

A toutes les pauses, qui seront faites après une période de 50 minutes de marche, les chefs de groupes feront serrer sur la tête aux distances réglementaires. Pendant les pauses, les sentiers devront, quand cela sera possible, être libres, afin que les ordres puissent être rapidement portés de la tête à la queue, si besoin est. Les faisceaux ne devront pas être formés, afin d'être toujours prêt à toute alerte.

Après 10 minutes de repos, chaque groupe se remettra en marche sans ordres.

L'heure de la première pause sera toujours indiquée.

Dans les terrains couverts et rocheux, les distances entre les divers échelons devront être réduites de moitié et plus, si besoin est.

II. — A partir de Pho-Binh-Gia, il sera adjoint à l'avant-garde et au service des flancs-gardes des partisans connaissant le pays.

A partir de Déo-Ban-Thai (à 1 heure de Binh-Gia), les brodequins des légionnaires d'avant-garde et de flanc-garde devront être pourvus de patins en paille, afin de pouvoir marcher silencieusement dans les rochers.

Tous les cols et cirques, avant de s'y engager, devront être minutieusement reconnus en passant sur les flancs des sentiers autant que possible.

Si le col est sérieusement occupé, l'avant-garde, puis le gros devront successivement prendre des positions à droite et à gauche, tout en se couvrant du terrain, et placeront de suite des tireurs de position en attendant l'arrivée de l'artillerie; les mouvements tournants devront être immédiatement étudiés.

En cas d'attaque par les pirates sous bois pendant notre marche, les fractions placées en avant ou en arrière du point attaqué devront manœuvrer vivement, mais en silence, pour se porter sur le flanc des pirates. Les autres groupes prendront position derrière les abris les plus rapprochés et répondront à l'attaque par un *feu lent, mais bien ajusté* (*éviter surtout les tireries inutiles*). Pendant ce temps, le convoi devra serrer sur la tête dans le plus grand ordre, et son escorte devra prendre une position défensive en attendant la reprise de la marche.

III. *Bivouac.* — Les bivouacs à prendre seront toujours indiqués d'avance autant que possible. A l'arrivée au bivouac, la section d'avant-garde ira immédiatement occuper les points qui lui seront indiqués pour servir d'emplacement aux grand'gardes ; des patrouilles devront reconnaître le terrain à 500 mètres en avant de ces points. Toutes les corvées en dehors du bivouac devront être faites en armes, les points d'eau devront être immédiatement reconnus, et, en cas d'attaque de jour et de nuit, la place de chaque groupe ou fraction de groupe devra être indiquée d'avance.

Pendant la nuit, le qui-vive et le mot d'ordre et le mot de ralliement seront remplacés par un certain nombre de battements de mains qui variera tous les jours ; l'état en sera donné. Pendant la nuit, des attaches de surveillance seront placées en avant des sentinelles.

Les divers détachements devront être pourvus de coupe-coupe pour pouvoir dresser des abris pour les hommes à chaque bivouac et pour pouvoir se frayer des passages à travers la brousse, quand le cas se présentera.

Les coolies devront également en être pourvus d'un certain nombre pour qu'ils puissent s'abriter sur un point qui devra toujours leur être indiqué *dès l'arrivée au bivouac.* Tous les coolies devront être encore pourvus de brassards placés sur le bras gauche ; ils devront être traités avec bonté, tous les officiers devront y veiller.

Les coolies méritant des châtiments, suite de mauvaise volonté, de vol, etc., devront être signalés au colonel, qui les fera châtier selon la faute.

Les charges pour deux coolies ne devront pas dépasser 35 kilo-grammes ; on devra, toutes les fois que cela sera possible, faire des charges individuelles ne dépassant jamais 20 kilogrammes avec les vivres du coolie. En arrivant au bivouac, un poste de police de huit hommes, quatre tirailleurs et quatre légionnaires, sera installé ; il four-nira de suite une sentinelle chez le colonel.

Après l'installation des bivouacs, le colonel recevra le rapport. Il ne sera fait la soupe qu'une fois par jour ; le soir, un déjeuner froid devra être préparé et donné aux hommes pour la journée du lendemain.

Dans la journée et dans la nuit, les officiers et les soldats ne pour-ront, sous aucun motif, s'éloigner du camp à plus de 500 mètres, sans en avoir obtenu la permission.

IV. *Service de sûreté.* — Pendant le jour, le service de sûreté sera assuré, autant que possible, par des tirailleurs et, pendant la nuit, par des Européens. Les petits postes avancés ne devront être placés qu'à la tombée de la nuit.

Les sentinelles devront être doubles.

Le matin, une heure avant le départ, des coups de sifflet très allongés seront donnés comme signal de réveil ; un quart d'heure avant le départ, de nombreux petits coups de sifflet seront le signal de l'assemblée. A ces coups de sifflet, chaque fraction devra aller prendre sa position indiquée pour l'ordre de marche ; le colonel donnera le signal du départ.

Lang-Son, le 11 janvier 1894.

Le Colonel commandant les 1er et 2e territoires militaires,
chargé de la direction de l'ensemble des opérations,

GALLIENI.

VI.

MISE EN MOUVEMENT DES COLONNES. — BLOCUS DE LUNG-LAT.

Le 7 janvier 1894 seulement, j'avais pu réussir, en prenant en mains la direction de mon ravitaillement, à constituer les magasins que prévoyait l'ordre no 1 et à réunir les coolies nécessaires à chaque colonne ; j'adressais aux trois chefs de colonne l'ordre de mouvement.

ORDRE No 2.

Les trois colonnes, constituées telles qu'il a été indiqué dans l'ordre no 1, seront mises en mouvement chacune sur l'ordre de son chef, de manière à être, le 19, vers 8 heures du matin, la colonne du commandant Famin à Chu-Vu, la colonne du colonel Chapelet à Huong-Vu, la colonne du colonel Gallieni au marché de Tran-Lang.

Les trois colonnes se donneront immédiatement la main et chercheront à occuper solidement tous les débouchés des chemins et sentiers pénétrant dans le massif de Lung-Lat. Le mouvement devra être mené très vigoureusement, tout en observant avec soin les règles relatives au service des renseignements, en se faisant éclairer autant qu'il est possible dans ce pays difficile, en occupant les sommets, en évitant de s'avancer en terrain découvert sous le feu ennemi quand on peut faire autrement.

Arrivé à Tran-Lang, le colonel donnera au besoin des ordres pour la suite des opérations aux chefs des différentes colonnes, avec lesquels il sera en relations. Toutefois, chacun d'eux conservant son initiative, qui est indispensable pour toute opération de guerre et dans ce pays, plus que partout ailleurs, devra s'inspirer continuellement du but à atteindre : *rejeter les pirates dans Lung-Lat et les y cerner*, et donner tous les ordres prendre toutes les mesures qu'il jugera nécessaires pour atteindre ce but. Dans le cas où une colonne rencontrerait un obstacle qui arrêterait sa marche pendant un certain temps et l'empêcherait d'arriver sous Lung-Lat à la date fixée, elle lancerait deux fusées rouges.

Dans le cas peu probable où elle serait obligée de battre en retraite, elle lancerait quatre fusées alternativement rouges et blanches.

Lang-Son, 7 janvier 1894.

GALLIENI.

Le plan d'opérations avait été établi en tenant compte de la nature particulièrement difficile du Caï-Kinh, où nos colonnes avaient eu plusieurs fois à subir des pertes sérieuses dans les cols rocheux et boisés qui permettent seuls de passer d'un cirque dans un autre.

Les trois colonnes étaient dirigées sur Lung-Lat par les trois grandes voies conduisant à ce cirque. Chacune d'elles était assez forte pour pouvoir résister à une attaque de toutes les forces pirates pendant un temps suffisant pour permettre aux autres colonnes de venir à son aide. Les trois colonnes étaient à peu près d'égale force, ce qui me permettait de calculer exactement les efforts à attendre de chacune d'elles et me facilitait beaucoup le commandement.

Les points de départ et le moment de l'arrivée commune sur l'objectif avaient été calculés largement, de manière à laisser à chaque commandant de colonne une grande initiative et à prévoir les incidents qui auraient pu retarder la marche. L'ordre était d'ailleurs rédigé de manière à faire comprendre que chacun devait être présent au rendez-vous au jour et au moment fixés et que les obstacles ou résistances rencontrés en route devaient être vigoureusement surmontés.

Le tableau ci-après indique l'ensemble des mouvements.

Dates.	1re Colonne.	2e Colonne.	3e Colonne.
13 janvier.	Phu-Lang-Thuong.	Hun-Len.	Lang-Son.
14 —	Déo-Hinh.	Hun-Len.	Lang-Son.
15 —	Lung-Ba.	Hun-Len.	Van-Quan.
16 —	Xua-Tac.	Tran-Yen.	Duc-Hin.
17 —	Bac-Baï.	Monhaï.	Pho-Binh-Gia.
18 —	Vu-Lang.	»	Id.
19 —	Chu-Vu.	Huong-Vu.	Tran-Lang.

Le 19 janvier, à 8 heures du matin, au jour et à l'heure indiqués par l'ordre de mouvement, les trois colonnes opéraient donc leur jonction autour du massif de Lung-Lat. En dépit des difficultés inouïes du terrain et des mesures de prudence qu'il avait fallu prendre pendant la marche pour éviter les embuscades, les trois colonnes étaient parvenues au rendez-vous avec une précision remarquable, n'ayant rien laissé en route, ni hommes, ni vivres, ni matériel. L'artillerie elle-même, grâce au dévouement et à l'énergie de ses officiers et des canonniers européens, avait constamment suivi. Plusieurs fois les commandants de section avaient dû eux-mêmes aider à porter les pièces pour encourager les coolies qui s'asseyaient et refusaient d'aller plus loin.

Partout les avant-postes pirates, établis à Mo-Nhaï, Déo-Xa-Con, Lung-Daï, Bac-Son, se repliaient à notre approche, malgré les précautions prises par les commandants de colonne de s'avancer aussi discrètement que possible. Vers Tran-Yen, des cavaliers, laissés en observation, partaient au galop dès que les hommes de pointe de la colonne Chapelet arrivaient au sommet du col de Lang-Luoc; Tran-Yen, Mo-Nhaï étaient occupés sans coup férir.

Vers la 3e colonne, les trois groupes de la colonne, qui avaient pris, à partir de Pho-Binh-Gia, des chemins différents pour éviter les dangers des longs cols rocheux et étroits menant sur Lung-Lat, arrivaient également, sans incident sérieux, sur les points assignés à chacun d'eux.

Du côté de la colonne n° 1, dont l'arrivée semblait encore inattendue, le commandant Famin trouvait les plus grandes difficultés pour se procurer des guides et des émissaires. Tous les habitants, abandonnés par nous depuis longtemps, étaient passés aux pirates et ne dissimulaient pas leur inquiétude de nous voir arriver. Malgré les précautions prises, plusieurs d'entre eux parvenaient à s'échapper et allaient informer les pirates de Lung-Lat de la venue de cette colonne, qu'ils n'attendaient pas et qui arrivait justement par une route qu'ils supposaient complètement libre.

Cette nouvelle, parvenue aux pirates dans la nuit du 18 au 19, modifiait leurs intentions primitives. Ils voulaient tout d'abord résister énergiquement dans le cirque en défendant tous les cols qu'ils avaient fortifiés d'une manière formidable au moyen d'abatis, de gros troncs d'arbres, de murailles, de rochers, derrière lesquels des tireurs de choix, ayant repéré leur tir, nous auraient causé les pertes les plus sérieuses. Ils pensaient que leur ligne de retraite restait ouverte à l'Ouest, vers Ba-Ky et Luong-Tam-Ky [1]. L'arrivée du commandant Famin les déroutait et jetait aussitôt un grand désarroi parmi eux.

Dans la nuit même du 18 au 19, ils faisaient sortir du cirque les prisonniers européens qu'ils cachaient dans les bois de Kun-Vinh, ainsi qu'une partie des femmes capturées. Ils se préparaient aussi à partir eux-mêmes, mais l'arrivée soudaine et simultanée des trois colonnes se reliant aussitôt entre elles le long de l'étroit couloir qui entourait le massif de Lung-Lat, les empêchait de mettre leur projet à exécution. Au surplus, le butin amassé dans le cirque où ces bandes avaient élu leur repaire depuis plus de deux ans et où elles se croyaient inattaquables, était considérable, et ce n'était pas sans quelque hésitation qu'elles se décidaient à vider les lieux. En un mot, la retraite et l'évacuation du repaire avaient commencé dans la nuit du 18 au 19, mais avaient été interrompus par l'arrivée des trois colonnes. Les pirates avaient donc fortement occupé les cols conduisant dans le cirque et nous attendaient, dans la matinée du 19 janvier, incertains de ce que nous allions tenter et très désorientés par notre marche concentrique.

Bien entendu, tous ces renseignements ne m'étaient pas connus le 19 au matin, quand les trois colonnes prenaient leurs positions d'investissement autour du massif. Je savais seulement aux coups de feu qui nous avaient salués, quand les têtes des 2e et 3e colonnes avaient cherché à établir leur liaison entre la pagode de Tran-Lang et Huong-Vu, que les pitons et cols du massif étaient occupés entre ces deux points. J'ignorais même la sortie des trois prisonniers et d'une partie des femmes.

Toute la journée du 19 était employée à former le cercle d'investissement autour du massif. J'étais désireux d'éviter des pertes à nos troupes, dans le but d'empêcher les pirates de venir ensuite se vanter, selon leur coutume, qu'ils nous avaient livré combat et tué beaucoup d'hommes, ce qui rehaussait toujours

[1] Chef pirate soumis, résidant à Cho-Chu, où les pirates de la région continuaient cependant à trouver asile.

leur prestige auprès des habitants. Je faisais pousser des reconnaissances vers les cols, situés sur les faces nord, sud et est du massif, mais avec défense de s'engager à fond. La première colonne éprouvait quelques difficultés, en raison du caractère boisé, montueux et rocheux du terrain, à établir et relier entre eux ses postes de surveillance. De plus, je voulais éviter des pertes trop considérables et ne désirais ordonner d'opération d'ensemble que lorsque j'aurais été certain que chacun était à sa place. Cependant, les groupes de partisans formés par les 2e et 3e colonnes étaient lancés aussitôt vers les flancs. L'un de ces groupes, commandé par le chef de canton de Binh-Gia, homme énergique et dévoué, avait pour mission spéciale d'essayer de sauver les trois Européens. Une récompense de 4,000 piastres lui était promise s'il réussissait.

Le soir à 4 heures, j'adressais l'ordre suivant aux chefs de colonnes :

Ordre nº 3.

Des renseignements donnés par plusieurs habitants du pays, et qu'il ne faut d'ailleurs accueillir qu'avec réserve, font connaître que la bande de Lung-Lat, ayant tué chevaux, bœufs, etc., chercherait à s'échapper cette nuit. Ces renseignements ne sont pas d'accord pour préciser la ligne de retraite des pirates.

Il est donc nécessaire que l'on fasse la meilleure garde possible cette nuit et que tout le monde se tienne prêt à repousser vigoureusement les sorties qui pourraient se produire.

Les commandants de colonne prendront toutes les mesures de détail nécessaires dans ce but : service de nuit bien organisé; postes de combat assignés d'avance à chaque fraction; directions de tir données pour éviter que les troupes ne se tirent les unes sur les autres, et pour que tout le terrain en avant soit bien battu partout; gradés et fractions de troupes qui veilleront la nuit pour se reposer le jour.

On mettra surtout les hommes en garde contre les tireries inutiles, en les tenant constamment dans la main et sous la direction de leurs chefs.

Le colonel commandant rappelle que, pour les actions de nuit, les précautions les plus minutieuses doivent être prises d'avance et que leur succès dépend de l'initiative, du sang-froid et de l'intelligence des officiers et gradés de chaque section.

Le 7 janvier 1894.

Le Colonel commandant les colonnes,
GALLIENI.

Du côté des 2e et 3e colonnes, je savais que le cercle d'investissement était suffisamment serré. Mais il n'en était pas de même du côté de la 1re colonne, le massif présentant vers l'Est des épanouissements rocheux et boisés, qui rendaient les communications et la surveillance excessivement difficiles. Aussi, avais-je fait appuyer vers l'Est le groupe Lagarrue, de la 3e colonne. De plus, j'avais pu faire une première distribution de fusils aux habitants des villages Thoo et Manus de Hun-Vinh, Vinh-Yen, Vu-Dic, Vu-Lé et Vu-Son, situés sur la ligne de retraite de la bande.

Ils étaient renvoyés aussitôt dans leurs villages, avec mission d'observer les routes de ce côté, que devaient suivre très probablement les pirates en quittant Lung-Lat.

VII.

FUITE DES PIRATES. — POURSUITE. — FOUILLE DU REPAIRE.

La nuit se passait sans incident notable du côté des 2e et 3e colonnes, mais, vers 11 heures du soir, les pirates profitant de l'obscurité et du brouillard intense qui régnaient, commençaient à filer vers l'Ouest, à travers les bois et les rochers. Les petits postes donnaient aussitôt l'éveil, et le feu commençait sur une partie de la ligne occupée par les troupes du commandant Famin.

L'obscurité et le brouillard ne permettaient pas de donner au tir toute son efficacité. Cependant dès que le jour parut, on put voir les résultats heureux obtenus : quatre cadavres chinois gisaient sur le terrain, sur lequel on trouvait aussi deux chevaux blessés, un nombreux butin, vivres, effets, dénotant une fuite précipitée et désordonnée. Le petit bois, par lequel la bande s'était échappée, présentait partout des taches de sang.

Je voulais, pour la journée du 20, ordonner une action d'ensemble contre le massif, la 1re colonne devant rester sur ses positions pour intercepter les routes de retraite aux pirates refoulés du cirque par les 2e et 3e colonnes. L'artillerie avait déjà étudié les positions à occuper par ses pièces pour battre les cols de Bac-Son et Mo-Hao et les rendre praticables à l'infanterie. Les nouvelles de la nuit modifiaient en partie mes dispositions.

J'envoyais aussitôt le groupe Lagarrue, avec un gros de partisans, sur la route de Vinh-Yen, Vu-Son et Vu-Lé, prise par la plus grande partie des pirates. Déjà les habitants de ces villages, armés de fusils, avaient eu le temps d'aller tendre leurs embuscades dans ces directions. Je prescrivais au commandant Famin de former immédiatement deux groupes légers, qui devaient suivre immédiatement le groupe Lagarrue, mais en passant par Vu-Lang. Les 2e et 3e colonnes désignaient chacune deux groupes pour pénétrer dans le cirque de Lung-Lat, les autres groupes restant toujours en réserve dans la plaine et tenant les hauteurs en arrière pour couvrir les derrières. Enfin, les partisans armés, non employés à la poursuite, étaient lancés dans toutes les directions pour achever de disperser les fuyards.

La poursuite fut vigoureusement conduite. Le capitaine Lagarrue, qui fit preuve en cette circonstance d'un entrain et d'une ténacité vraiment remarquables, resta pendant trois jours sur les talons de la bande fugitive, la suivant à une demi heure à peine d'intervalle et, l'obligeant dès qu'elle voulait s'arrêter, à se disperser dans les bois, complètement affolée et démoralisée. Certainement, cet officier serait parvenu à reprendre les prisonniers européens, si ceux-ci, partis un jour à l'avance avec une escorte spéciale, n'avaient été rapidement amenés au-delà de Tam-Tri, dans les bois impénétrables de cette région.

Les groupes de partisans armés, les habitants des villages de Vu-Dic, Vu-Son, Vu-Lé avaient tendu partout les embuscades ordonnées. Les reconnaissances Chabrol et Cazeaux, de la colonne Famin, arrivant par Vu-Lang, trouvèrent également les traces d'une fuite désordonnée. Bref, on évalue à quarante-deux le nombre des morts en comptant tous les pirates tués dans la nuit du 19 au 20, dans les embuscades tendues par les partisans et habitants du pays, ceux blessés et achevés par ces derniers, et enfin ceux morts de leurs blessures et frappés par leurs congénères eux-mêmes, qui ne voulaient pas que les blessés, restés en arrière, décelassent le chemin suivi par la bande. On ramassa cinq chevaux, dont trois en très bon état, ainsi que vingt-deux femmes et enfants. Enfin, on rencontrait à chaque pas des effets, des ballots de riz, etc. . . . . On trouva peu de fusils, soit qu'ils eussent été pris par les habitants, soit que les pirates les eussent cachés dans les bois. On n'en prit que sept et une douzaine de revolvers et pistolets. Mais le grand nombre de cadavres rencontrés prouve bien l'affolement de la bande ; car, on connaît la répugnance des pirates à abandonner les corps des leurs. Ce chiffre de quarante-deux fut porté à cinquante et un deux jours après, par deux heureux coups de main tentés par les partisans du village de Bac-Son et ceux de Tri-Lé contre une bande de fuyards, qui errait seule dans les bois. J'ajouterai ici que les dernières lettres, reçues le 6 février, des commandants des nouveaux postes du Caï-Kinh, notamment du capitaine Bataille, de Mo-Nhaï, et du lieutenant Colombat, de Tri-Lé, ont fait connaître que les habitants continuaient la chasse aux pirates, encore dispersés dans les bois, et avaient rapporté sept nouvelles têtes aux commandants de ces postes. Mais, le résultat le plus considérable de cette poursuite a été la mort du principal chef de la bande, Thaï-Ngan, blessé par les partisans de Vu-Dic et mort le 22 janvier à Duy-Caï, de ses blessures. Ce chef, auquel ses succès dans le Caï-Kinh et notamment à l'attaque du convoi Delaunay et du groupe Brodiez à Tran-Yen, avaient donné un énorme prestige, était l'auteur de toutes les attaques, de tous les pillages qui avaient eu lieu, depuis un an, soit sur la ligne du chemin de fer, soit sur la route de Lang-Son à That-Khé. Vêtu de la capote militaire du capitaine Brodiez prise à Tran-Yen, il ne cachait pas ses intentions de donner à ses opérations une importance encore plus grande, parlant de détruire Bac-Lé et Than-Moï, d'enlever un train tout entier sur la ligne en exploitation, etc. . . . . Le jour même où la mort de Thaï-Ngan a été connue, tous les chefs de canton et des villages du Caï-Kinh qui, jusqu'alors, sauf quelques-uns, s'étaient montrés des plus réservés, se sont présentés à moi, m'ont demandé des fusils et ont commencé, eux aussi, à faire la chasse aux pirates.

Quelques jours après, une bande de pirates venant de la direction Tri-Lé, ignorant sans doute notre présence à Lung-Lat, se heurtait dans la matinée contre une reconnaissance commandée par M. le sous-lieutenant Viala, envoyé vers Tran-Yen. La rencontre était si soudaine que l'adjudant Lacrousts, qui marchait en tête de la troupe, pouvait d'une balle de son revolver faire sauter la cervelle de l'un des pirates. Le lieutenant-colonel Chapelet faisait aussitôt poursuivre la bande, dont les hommes, dissimulés dans un mamelon boisé à 1500 mètres environ de Hung-Vu, avaient ouvert un feu des plus vifs contre la reconnaissance. La pièce de 80 millimètres de montagne, mise en batterie à cette distance, pouvait tirer six coups à mitraille, ce qui amenait la retraite précipitée des pirates. Ceux-ci pouvaient emmener avec eux les cadavres tombés et dont on reconnaissait ensuite les traces, aux nombreuses taches de sang laissées sur le terrain. Une partie de la colonne n° 2 était détachée pour poursuivre cette bande.

Cependant, la fouille du cirque se continuait méthodiquement, pendant les journées des 20, 21 et 22 janvier. Pour franchir les cols qui y donnaient accès, nos soldats étaient forcés d'employer la hache et la pioche, tellement les pirates avaient accumulé de défenses : abatis, troncs d'arbres, murailles de rochers, etc....., pour en interdire l'entrée. Dans le cirque, on trouvait trois beaux villages, très bien aménagés, avec pagodes, grandes cases, présentant tous les signes d'une installation permanente et très confortable. Tout indiquait une fuite précipitée ; deux enfants, une femme, un cadavre chinois tout récent, un gros butin, consistant en paddy, effets de toute sorte, provenant de pillages, quatre fusils 1874, un grand nombre d'épées-baïonnettes, etc..... On y trouvait de plus, une vingtaine de cadavres, datant de quelques jours, décapités, et qui étaient ceux d'habitants du pays, massacrés pour n'avoir pas fourni le tribut de riz ou paddy, qui leur était réclamé. Du reste, un carnet ramassé dans la case de Thaï-Ngan, le principal chef de la bande, indiquait très exactement les quantités de paddy que chaque village devait fournir ou avait déjà fournies. Les pirates étaient complètement maîtres du pays depuis plusieurs années. Nous avions subi dans le Caï-Kinh plusieurs échecs. Rien d'étonnant donc à ce que les habitants se fussent soumis aux exigences des bandes. Il fallait plutôt s'étonner qu'ils ne se fussent pas franchement tournés contre nous.

VIII.

INSTALLATION DES POSTES ET DISLOCATION DES COLONNES.

Le 22, chaque colonne envoyait une dernière reconnaissance dans le massif pour fouiller minutieusement les parties non encore explorées; elles ne trouvèrent rien. Ma certitude était donc complète, le massif était évacué. Restait à disloquer les colonnes, à occuper le pays et à assurer le ravitaillement des troupes à qui j'allais en confier la garde. Je décidais l'occupation des points les plus importants par des postes de force variable : Mo-Nhaï, Cho-Vu, Tran-Yen, Tran-Lang, Hun-Len, Ban-So, Mo-Kay, reçurent des garnisons. Les ordres suivants donnaient les indications nécessaires pour effectuer ces différents mouvements.

ORDRE N° 9.

I. — Les renseignements et les reconnaissances s'accordant à dire que le repaire de Lung-Lat est évacué, ou n'est plus occupé que par quelques isolés, les trois colonnes ne s'astreindront plus au blocus qui avait été prescrit précédemment.

II. — On s'occupera avant tout de faire refluer sur Mo-Nhaï, base d'approvisionnements des nouveaux postes créés dans la région de Lung-Lat, tous les vivres, munitions, etc., des postes de Pho-Binh-Gia, Van-Linh et Cho-Trang.

La 2ᵉ colonne, avec l'aide des coolies des deux autres colonnes, sera chargée de la ligne de ravitaillement sur Van-Linh et Cho-Trang.

La 3ᵉ colonne sera chargée du ravitaillement sur Pho-Binh-Gia et Lang-Son.

La 1ʳᵉ colonne se ravitaillera directement à Mo-Nhaï, dès que son approvisionnement actuel sera épuisé.

III. — Le commandant de la 2ᵉ colonne prendra, dès demain matin, toutes ses dispositions pour employer tout son monde disponible à la construction du poste de Mo-Nhaï et laisser les travaux aussi avancés que possible au moment où la colonne quittera la région.

On commencera immédiatement le four à chaux, ainsi que l'enceinte du poste. Les tirailleurs commenceront immédiatement leur logement en torchis. On coupera les bois, on préparera les pierres et l'on réunira tous les matériaux nécessaires.

IV. — Le soir, la 2ᵉ colonne conservera son gros à Mo-Nhaï et Hung-Vu, en se reliant simplement par deux petits postes aux deux autres colonnes, en faisant surveiller les cols du massif de Lung-Lat, prête à se concentrer au premier ordre donné et à se porter dans la direction indiquée.

V. — La 3ᵉ colonne fera immédiatement construire un blockhaus provisoire, au marché de Tran-Lang. Ce blockhaus, qui devra être terminé en trois jours, sera occupé par un poste de 25 hommes pour garder la plaine de Tran-Lang, et toute la 3ᵉ colonne se transportera à Mo-Nhaï pour participer aux travaux du poste. Le dépôt de vivres de Tran-Lang sera transporté à Mo-Nhaï.

VI. — Rien ne sera changé, jusqu'à nouvel ordre, aux dispositions prescrites pour la 1ʳᵉ colonne qui se tiendra toujours prête à appuyer ses reconnaissances dans la direction de Vu-Lé et s'occupera dans l'intervalle de la construction du poste de Chu-Vu, dont le projet avec croquis sera envoyé avant le 26 courant au colonel commandant.

Le 22 janvier 1898.

GALLIENI.

ORDRE Nº 11.

I. — La colonne nº 3 sera disloquée à compter de ce jour.

La 7ᵉ compagnie du 2ᵉ tonkinois viendra, jusqu'à nouvel ordre, occuper à la pagode de Tran-Lang les cantonnements tenus par le groupe Verreaux et l'artillerie.

Les troupes de la légion, réunies à Tran-Lang, ainsi que les sections de tirailleurs Viala (8ᵉ compagnie du 3ᵉ tonkinois) et Valton (3ᵉ compagnie du 2ᵉ tonkinois), ainsi que l'artillerie, rejoindront Pho-Binh-Gia le 29 au soir, sous les ordres de M. le commandant Barre, qui donnera toutes les instructions de détail à ce sujet.

M. le docteur Baur suivra son chef de corps, M. le docteur Girard restant jusqu'à nouvel ordre avec le commandant du territoire.

Les partisans et les coolies de la 3ᵉ colonne, sauf ceux désignés par le colonel commandant, quitteront également Tran-Lang.

L'artillerie laissera à Tran-Lang les outils qui ne lui sont pas absolument indispensables pour le retour.

II. — Toutes les troupes indiquées ci-dessus se ravitailleront à Pho-Binh-Gia pour le temps strictement nécessaire à leur retour dans leurs nouveaux postes.

Les partisans qui ont touché des armes et des munitions à Pho-Binh-Gia les verseront au commandant du poste, qui enverra au territoire l'état détaillé des armes de partisans ainsi laissées au poste.

III. — Le 30, dans la journée, toutes les troupes énumérées à l'article 1er et celles qui formaient précédemment la garnison de Pho-Binh-Gia, quitteront Pho-Binh-Gia, conformément au tableau ci-dessous :

Route directe de Lang-Son.

Compagnie *Betboy.*
Détachement *Colombat.*
Section de tirailleurs *Viala.*
Artillerie.

Route de Pho-Binh-Gia à That-Khé par Van-Mit.

Commandant *Barre.*
Détachement *Verreaux.*
Compagnie *Brulard.*
Section de tirailleurs *Valton.*
Section de tirailleurs de la 4e compagnie du 2e tonkinois.

Route de Van-Mit à Yen-Lac.

Peloton *Revellat*, de la compagnie *Brulard.*
Section de tirailleurs *Valton.*

Route de Van-Mit à That-Khé.

Commandant *Barre.*
Détachement *Verreaux.*
Le reste de la compagnie *Brulard.*
Section de tirailleurs de la 4e compagnie du 2e tonkinois.

IV. — Dès l'arrivée à Yen-Lac, la section de tirailleurs Valton et le détachement de la compagnie Verreaux, qui y tenait précédemment garnison, rejoindront That-Khé, où toute la compagnie Verreaux sera groupée jusqu'à nouvel ordre.

Dès l'arrivée à That-Khé, le capitaine Brulard rejoindra Dong-Khé où se tiendra désormais le centre de cette compagnie, ayant un peloton détaché à Yen-Lac.

La section de tirailleurs Valton rejoindra son poste à Na-Dzuong.

Le reste de la 4e compagnie du 2e tonkinois restera à That-Khé.

V. — Dès l'arrivée à Lang-Son, le détachement Colombat rejoindra Dong-Dang, et la compagnie Betboy rejoindra Na-Cham.

Dès que la compagnie Betboy sera tout entière concentrée à Na-Cham, elle permutera avec la compagnie Verreaux.

VI. — Les coolies seront licenciés dès l'arrivée à Lang-Son et That-Khé. M. le capitaine Betboy fournira aux chefs des divers détachements tous les renseignements nécessaires pour le payement des salaires dus à ces coolies et le règlement de la comptabilité des vivres et coolies de la colonne n° 3.

Il rendra compte par écrit à ce sujet au colonel commandant le territoire.

VII. — M. le commandant Barre rejoindra Lang-Son, où il résidera jusqu'à décision de M. le général en chef.

M. le docteur Baur rejoindra That-Khé, où il assurera le service jusqu'à nouvel ordre.

VIII. — Jusqu'à nouvel ordre, les hommes de la légion détachés dans les petits postes et blockhaus de la frontière y seront laissés.

GALLIENI.

ORDRE N° 12.

I. — Les colonnes 1 et 2 seront disloquées à compter de ce jour.

II. — Les troupes qui les composent rejoindront leurs garnisons respectives en se conformant aux indications du tableau ci-joint.

III. — Toutes les troupes, passant par Mo-Nhaï, ne devront y prendre que les vivres strictement nécessaires pour se rendre à Hun-Len, où elles se ravitailleront juste pour gagner Van-Linh ou Cho-Trang. Dans ces deux derniers points, elles ne devront prendre que les vivres nécessaires pour gagner Than-Moï ou Bac-Lé.

IV. — Les cartouches de la 13e compagnie du 2e tonkinois, sauf cinq paquets emportés par les hommes, seront versées à Cho-Vu pour former la réserve de munitions du poste ; il en sera de même des cartouches modèle 1879-1883 de la 1re colonne. Les munitions de la 4e compagnie du 1er bataillon du 9e de marine, sauf celles de quatre paquets emportés par les hommes, seront versées à Mo-Nhaï pour former la réserve des cartouches du poste.

Il en sera de même des cartouches de réserve des 1re et 2e colonnes.

V. — Les commandants des 1re et 2e colonnes laisseront aux postes de Cho-Vu et de Mo-Nhaï 300 piastres sur les fonds mis à leur disposition par les services administratifs pour permettre d'acheter le riz et les bœufs nécessaires à la nourriture des hommes.

VI. — Les coolies des diverses colonnes seront licenciés : ceux de la 1re colonne, à l'arrivée à Phu-Lang-Thuong ; ceux de la 2e colonne, à l'arrivée à Than-Moï ; ceux de la 3e colonne, à l'arrivée à Lang-Son.

MM. les commandants de colonne devront fournir aux chefs des divers détachements tous les renseignements nécessaires pour le payement des salaires dus à ces coolies et pour le règlement de la comptabilité des vivres de leur colonne. Chaque commandant de colonne adressera au colonel commandant les opérations un compte rendu à ce sujet.

VII. — Les chefs de poste devront rendre compte par télégramme au commandant du territoire, dès que la garnison de leur poste se trouvera constituée telle qu'elle doit l'être d'après la nouvelle répartition des troupes.

GALLIENI.

Je laissais nos nouveaux postes de Mo-Nhaï et Cho-Vu, ainsi que le poste de Pho-Binh-Gia, approvisionnés à deux mois de vivres, avec les munitions et médicaments nécessaires. Les travaux de ces nouveaux postes étaient poussés activement, tandis que des détachements expédiés à Tran-Yen, Tran-Lang, Ban-So, Mo-Kay, commençaient, avec l'aide des habitants, des blockhaus destinés à maîtriser les principales routes de la région et à encourager les habitants à venir réoccuper leurs anciens villages. Le Caï-Kinh est un pays riche, où de beaux cirques présentent de larges espaces pour les cultures. Avec la tranquillité, la population reviendra, mais à la condition expresse que nous ne l'abandonnerons plus à la vengeance des pirates.

Je profitais du retour des colonnes vers leurs nouveaux lieux de garnison, pour faire parcourir le pays en tous sens. Une colonne, commandée par le capitaine Betboy et composée d'une compagnie de la légion et d'une compagnie de tirailleurs avec l'artillerié, rentrait à Lang-Son par Pho-Binh-Gia et Duc-Hin. Une autre, de même composition, avec le commandant Barre, rejoignait That-Khé par Yen-Lac et Van-Mit. J'effectuais moi-même mon retour par Hun-Len, Van-Linh et Than-Moï, tandis qu'une autre fraction rentrait par Cho-Trang et Bac-Lé.

IX.

CONCLUSIONS.

En résumé, les troupes du Caï-Kinh ont obtenu, je crois, tous les résultats que l'on pouvait attendre d'elles, et cela sans pertes appréciables. Les trois colonnes, bien que partant de points éloignés et séparés entre eux par un pays connu pour ses difficultés, ont pu atteindre leur objectif au jour et à l'heure indiqués, réduisant les pirates à l'impuissance par la précision des mouvements et enlevant ainsi, sans coup férir, le formidable repaire de Lung-Lat. Les reconnaissances, les groupes de partisans, envoyés à la poursuite de la bande, la rejetaient jusque vers la rivière Claire, lui tuant son principal chef avec cinquante et un de ses hommes et lui enlevant ses chevaux et une grande partie des femmes et du butin qu'elle emmenait. Le Caï-Kinh était purgé des bandes pirates qui l'occupaient depuis si longtemps, et la sécurité était rendue à la ligne ferrée par cette opération, qui permettait l'occupation du pays par nos nouveaux postes. Luong-Tam-Ky et Ba-Ky, frappés par la rapidité du coup porté, n'osaient recevoir chez eux les fugitifs. Ba-Ky même, qui était hésitant depuis longtemps, s'empressait de renouveler ses offres de soumission. Le dé-tham, avec lequel on se trouvait également en pourparlers depuis deux ans, s'adressait au commandant du poste de Bo-Ha, pour faire de nouvelles propositions à ce sujet. Enfin, ainsi qu'il résulte d'une lettre de M. le lieutenant commandant le poste de Cho-Trang, le kim-lóc, qui commandait également l'une des fractions de Lung-Lat et qui est encore l'un des chefs pirates les plus redoutés de cette région, informait le lieutenant Lehagre qu'il voulait, lui aussi, faire sa soumission.

J'ajouterai que, sans tenir compte des pertes de partisans que je me suis toujours efforcé de lancer en avant, pour éviter les pertes de nos propres troupes, la colonne n'a eu qu'un tirailleur blessé, deux morts de maladie, et que constamment, grâce aux mesures prises par les commandants des colonnes et aux soins apportés à leur ravitaillement, celles-ci n'ont jamais manqué de vivres, et l'état sanitaire a toujours été excellent.

OPÉRATIONS CONTRE BA-KY ET SUR LE HAUT SONG-CAU

(Avril 1895).

I.

PRÉLIMINAIRES.

Après l'expulsion du Tonkin des derniers débris des armées chinoises, lorsque les progrès de la pacification vinrent se heurter à un obstacle imprévu autant que dangereux, la piraterie, il fallut faire la part du feu, et tandis que nos colonnes poursuivaient dans le Delta d'abord, puis aux confins des frontières de Chine les bandes les plus remuantes, celles qui semaient la terreur sur leur passage et laissaient derrière elles la ruine et l'anarchie, on crut de bonne politique de transiger avec quelques chefs : on entra en arrangement avec les Ba-Ky et les Luong-Tam-Ky, qui en imposaient par la force de leurs armements et leur prestige auprès des populations ; on leur tailla des fiefs dont ils furent les souverains reconnus par nous, avec défense à nous, presque, d'y mettre les pieds ; on leur fournit des armes et des munitions. Ils s'engageaient en retour à maintenir la tranquillité sur les territoires qu'on leur concédait.

Il était facile de prévoir que ces vastes territoires serviraient bientôt de refuge à toutes les bandes un peu trop vivement traquées par nous et tout heureuses de trouver là un asile inviolable. J'ai déjà indiqué dans le résumé des opérations du Caï-Kinh, le rôle occulte, mais réel, que Ba-Ky et ses sous-ordres avaient joué durant la période troublée de 1892-93, dans la région du Caï-Kinh : c'est dans son repaire de Ké-Thuong que les fuyards de Lung-Lat avaient trouvé un refuge et c'est là qu'ils avaient amené les trois Français qu'ils détenaient, Fritz, Roty et Bouyer.

D'ailleurs, au nord des territoires occupés par ces chefs, soi-

disant soumissionnaires, s'étendait un vaste pays où nous n'aurions pu encore pénétrer, où toutes les bandes avaient libre
passage, ce dont elles profitaient largement pour écouler en
Chine le produit de leurs vols et en amener les munitions qui
leur étaient nécessaires.

La politique que j'avais suivie, une fois les questions de frontière bien réglées, avait été caractérisée par l'extension progressive de notre occupation vers l'Ouest. Vingt-trois cantons successivement avaient été rattachés à mon commandement depuis
Cho-Ra jusqu'à Na-Ri, en passant par Tong-Hoa-Phu et leur occupation s'était faite sans bruit, sans à-coups, en élargissant petit
à petit la zone de notre influence, le réseau de nos postes et de
nos villages armés : c'est ce qu'on a appelé la méthode de la
tache d'huile, la plus efficace et la plus sûre en tout cas, de
toutes les méthodes de conquêtes coloniales.

Je serais arrivé certainement en quelques mois, par l'application rigoureuse de ce système, à englober les territoires de Ba-Ky
et de Luong-Tam-Ky dans un filet à mailles infranchissables,
quand le premier de ces chefs vint lui-même nous fournir l'occasion d'en finir d'un seul coup avec lui.

Le 23 février, Ba-Ky, malgré ses protestations d'amitié et de
fidélité au représentant de la France à Cho-Moï, faisait attaquer
l'équipe télégraphique qui se trouvait alors à quelques kilomètres de Cho-Moï; le télégraphiste Hirlet était tué, le télégraphiste Sabot était enlevé. Le rapport de ce dernier prouve la
duplicité de Ba-Ky, qui, le 22 avril, menaçait Sabot de lui
faire trancher la tête si la rançon réclamée pour sa mise en
liberté n'était arrivée sous trois jours. Et cependant Ba-Ky ne
cessait de se déclarer innocent de l'attentat du 23 février.

C'était la déclaration de guerre. Le gouverneur général mit
Ba-Ky en demeure de restituer le prisonnier; il n'en eut garde;
il en espérait une trop bonne rançon, mais la tradition était
rompue; les trois cantons qui constituaient son fief, Nong-Ha,
Nung-Tuong et Dong-Vien furent purement et simplement rattachés au 2e territoire militaire (arrêté du 27 mars 1895). Il
m'appartenait désormais de veiller à la police de ces cantons et
d'empêcher notamment qu'un chef de brigands pût y détenir
prisonnier, en butte aux pires souffrances, l'un de nos compatriotes.

Deux graves objections se présentaient :

1° La saison : il restait à peine un mois avant l'époque habituelle des extrêmes chaleurs et des premières pluies dont le début clôt fatalement la période des opérations efficaces ;

2° La difficulté de limiter l'opération à l'un des chefs soi-disant soumissionnaires, sans risquer de voir tous les autres lui prêter leur appui, soit ouvertement, soit en sous-main. On pouvait redouter d'être ainsi entraîné à une série d'opérations dépassant infiniment les limites de temps et de territoire qu'imposaient la saison et la situation.

Cette double considération aurait pu faire juger préférable d'ajourner l'opération à l'automne, pour la régler alors dans les conditions de préparation et de saison les plus favorables et avec une ampleur qui permît de résoudre définitivement la question pirate dans le Tonkin central.

Mais cet ajournement aurait présenté les inconvénients les plus sérieux. Il fallait à tout prix répondre par des actes immédiats au meurtre et à l'enlèvement des Européens, ne laisser aucune illusion sur la résolution du gouvernement général à ne plus recourir au système de rançons et profiter enfin de l'occasion pour occuper tout le cours du haut Song-Cau, rétablir les communications entre Thaï-Nguyen et Phu-Tong-Hoa, c'est-à-dire entre Hanoï et Cao-Bang, rouvrir ainsi la voie de ravitaillement la plus économique et la plus courte et acquérir, en vue des éventualités futures, la meilleure des bases d'opérations.

Toutefois, il importait de tenir compte des très sérieuses objections précitées. Il était donc essentiel :

1° Que l'opération fût préparée, menée et terminée le plus rapidement possible ;

2° Que tous les soins fussent apportés à éviter les pertes, non seulement par le feu, mais encore par les maladies ;

3° Qu'il fût bien entendu et proclamé que l'opération était strictement limitée aux trois cantons formant le territoire de Ba-Ky et que Luong-Tam-Ky, ainsi que tous les chefs non convaincus d'avoir participé à l'attentat du 23 février, restaient hors de cause.

Je pris donc mes dispositions pour procéder à l'opération projetée : occuper et organiser les cantons nouvellement rattachés à mon commandement.

II.

ORGANISATION DES COLONNES.

Plan d'opérations.

ORDRE N° 1.

1° *But de l'opération.* — En exécution des ordres du général en chef et conformément à l'arrêté du gouverneur général en date du **27 mars 1895**, il sera procédé à l'occupation des cantons de Dong-Vien, de Nung-Thuong et de Nung-Ha à l'exclusion de Cho-Moï et de tout le territoire de la commune de Yen-Dinh-Xa où est située cette localité.

Le premier objectif de cette opération sera la prise de possession de Ké-Thuong.

Le second objectif sera l'occupation de la haute vallée du Song-Cau et de l'organisation des cantons cédés au **2ᵉ** territoire militaire.

2° *Composition des colonnes.* — Les opérations seront dirigées par le colonel *Gallieni*, commandant le **2ᵉ** territoire, auquel seront adjoints :

Commandant *Lyautey*, chef d'état-major.

Lieutenant *Boucabeille*, officier de renseignements.

Lieutenant *Bonnin*, chargé du service topographique.

Capitaine *Barrand*, commandant l'artillerie.

1ʳᵉ colonne (*du Delta*), se concentrant à Thaï-Nguyen :

Commandant : chef de bataillon *Moreau*.

Major de colonne : capitaine *Chabrol*.

Médecin : docteur *Bonnefoy*.

Troupes :

1 peloton de la 7ᵉ compagnie du 10ᵉ de marine (60 hommes).

1 peloton de la 10ᵉ compagnie du 10ᵉ de marine (60 hommes).

1 peloton de la 12ᵉ compagnie du 10ᵉ de marine (60 hommes).

8ᵉ compagnie du 2ᵉ tonkinois (200 tirailleurs).

1 section d'artillerie (2 pièces).

2ᵉ colonne (*du 2ᵉ territoire*), se concentrant à Ban-Tinh :

Commandant : chef de bataillon *Gérard*.

Major de colonne : lieutenant *Vanwætermeulen*.

Médecin : docteur *Despieds*.

Troupes :

1 peloton de la 10ᵉ compagnie du 9ᵉ de marine (40 hommes).
1 peloton de la 8ᵉ compagnie du 9ᵉ de marine (50 hommes).
1 peloton de la 6ᵉ compagnie du 9ᵉ de marine (45 hommes).
1 peloton de la 9ᵉ compagnie du 3ᵉ tonkinois (90 tirailleurs).
1 peloton de la 7ᵉ compagnie du 3ᵉ tonkinois (90 tirailleurs).
La 11ᵉ compagnie du 3ᵉ tonkinois (160 tirailleurs).
1 section d'artillerie (2 pièces).

3ᵉ colonne (*du 2ᵉ territoire*), se concentrant à Na-Ri :
Commandant : lieutenant-colonel *Clamorgan*.
Major de colonne : lieutenant *Rouyer*.
Médecin : docteur *Fruitet*.

Troupes :

11ᵉ compagnie du 9ᵉ de marine (100 hommes).
1 peloton de la 12ᵉ compagnie du 9ᵉ de marine (50 hommes).
8ᵉ compagnie du 3ᵉ tonkinois (240 tirailleurs).
1 peloton de la 7ᵉ compagnie du 2ᵉ tonkinois (120 tirailleurs).
1 section d'artillerie (2 pièces).

4ᵉ colonne (*constituée à Phu-Tong-Hoa*) sera divisée en deux groupes.
1ᵉʳ groupe (contingents du cercle de Pho-Binh-Gia) :
Commandant : capitaine *Bulleux*.

Troupes :

1 peloton de la 10ᵉ compagnie du 9ᵉ de marine (60 hommes).
1 peloton de la 6ᵉ compagnie du 3ᵉ tonkinois (120 tirailleurs).
1 pièce d'artillerie.

2ᵉ groupe (contingents du cercle de Cao-Bang) :
Commandant : capitaine *Brulard*.
Médecin : docteur *Le Marc-Hadour*.

Troupes :

1 peloton du 1ᵉʳ bataillon étranger (60 hommes).
1 peloton du 3ᵉ tonkinois (120 tirailleurs).

Les commandants de colonnes prendront d'eux-mêmes toutes les dispositions nécessaires pour la formation et la réunion des différents convois (bagages, trains régimentaires, convois administratifs, etc.).

3° *Munitions.* — *a*) Munitions de première ligne : l'infanterie marchera avec son chiffre réglementaire de cartouches du sac; l'artillerie avec 60 coups par pièce.

b) Munitions de deuxième ligne : des approvisionnements de munitions d'infanterie et d'artillerie seront constitués à Phu-Tong-Hoa, Na-Ri et Ban-Tinh pour les 4e, 3e et 2e colonnes; la 1re colonne amènera avec elle ses approvisionnements de deuxième ligne.

4° *Service médical.* — Dans chaque colonne, le service médical sera assuré par un médecin, des infirmiers, des brancardiers et un matériel léger d'ambulance.

Une ambulance de deuxième ligne sera éventuellement constituée à Cho-Moï.

5° *Ravitaillement.* — *a*) Un magasin sera constitué à Cho-Moï, comprenant :

  2 mois de vivres pour les troupes d'opération;
  8 mois de vivres pour les troupes destinées à l'occupation des cantons cédés au 2e territoire militaire.

b) Un magasin annexe sera constitué à Bac-Kan sur le magasin de Cho-Moï, dès que la voie de ravitaillement du Song-Cau sera ouverte.

c) Un magasin annexe sera constitué à Ban-Tinh par le commandant du cercle de Pho-Bính-Gia qui y assurera, dès le commencement des opérations pour la 2e colonne, quinze jours de vivres pris :

  Vivres européens sur Pho-Bình-Gia;
  Vivres indigènes sur le pays.

Cet officier supérieur prendra les mesures nécessaires pour assurer le plus tôt possible la sécurité de la route Ban-Tinh—Cho-Moï de façon à pouvoir ravitailler Ban-Tinh sur Cho-Moï.

d) Un approvisionnement de quinze jours sera constitué à Na-Ri pour la 3e colonne.

La 1re colonne se ravitaillera sur Cho-Moï;
La 2e colonne se ravitaillera sur Ban-Tinh;
La 3e colonne se ravitaillera sur Na-Ri, puis sur Ban-Tinh;
La 4e colonne se ravitaillera, savoir :

1er *Groupe.*—Européens, sur les approvisionnements de Phu-Tong-Hoa; indigènes, sur le pays.

2e *Groupe.* — Sur un approvisionnement particulier constitué et entretenu à Phu-Tong-Hoa par le magasin de Cao-Bang, de façon à assurer la subsistance de ce groupe pendant un mois et demi.

Le capitaine Chartier remplira auprès du commandant des colonnes les fonctions d'officier d'approvisionnement. Il fera remplacer à Pho-Binh-Gia et Cao-Bang les vivres prélevés pour les opérations.

Le colonel commandant les colonnes indiquera les dates auxquelles :

1° Le magasin de Ban-Tinh pourra commencer à se ravitailler sur celui de Cho-Moï;

2° Le magasin de Bac-Kan pourra fonctionner.

Hanoï, le 1er avril 1895.

Le Colonel commandant les colonnes,
GALLIENI.

Le rôle de chacune de ces colonnes, organisée en groupes mixtes, comme toujours, est défini dans la lettre suivante :

Lang-Son, le 5 avril 1895.

LE COLONEL GALLIENI, COMMANDANT LE 2ᵉ TERRITOIRE MILITAIRE,
A MONSIEUR LE GÉNÉRAL COMMANDANT EN CHEF,

Hanoi.

Mon Général,

J'ai l'honneur de vous rendre compte des mesures prises pour assurer l'exécution de l'arrêté de M. le gouverneur général, du 25 mars, faisant passer au 2ᵉ territoire militaire les trois cantons de Nung-Thuong, Nung-Ha et Dong-Vien, constituant le territoire de Ba-Ky. Je me bornerai d'ailleurs à vous exposer très brièvement les dispositions que j'ai déjà prises, ne pouvant, dès maintenant, prévoir d'une manière précise les points qu'il y aura lieu d'occuper dans les nouveaux cantons pour protéger l'installation des anciens habitants non plus que la force de garnison à y laisser, ou les mesures à prendre pour régler l'organisation administrative de ces nouvelles régions. Tous ces renseignements trouveront place dans le rapport que je vous adresserai à la fin des opérations, lorsque j'aurai pu étudier moi-même sur place les conditions dans lesquelles nous laissera l'expulsion des bandes pirates qui, jusqu'à présent, ont occupé le pays.

L'occupation des trois cantons nouvellement cédés au 2ᵉ territoire militaire aura lieu d'après les principes que j'ai déjà suivis pour l'adoption progressive et méthodique des vingt-trois cantons qui ont successivement passé de la province de Thaï-Nguyen aux régions soumises à mon commandement; ce sera un nouveau pas en avant qui étendra encore vers l'Ouest la zone de protection de la ligne ferrée et qui, surtout, nous permettra de mettre la main sur la vallée du haut Song-Cau, qui est la véritable route entre le Delta et la frontière de Chine. C'est à rétablir cette grande voie mandarine, si suivie autrefois, qu'ont tendu tous nos efforts dans cette région depuis un an. De nos postes avancés, Phu-Tong-Hoa, Na-Ri et Ban-Tinh, des détachements combinés de troupes, Européens et indigènes, auront donc pour mission de pénétrer dans les nouveaux cantons et d'y créer les postes ou blockhaus destinés à nous assurer la possession complète du pays et à permettre aux habitants, qui sont déjà rassemblés à Bo-Ba et à Na-Ri, de venir réoccuper leurs anciens villages et leurs rizières.

Ce mouvement en avant aurait pu s'opérer simplement avec les troupes du cercle de Pho-Binh-Gia, si les renseignements transmis par nos émissaires n'annonçaient que le repaire de Ké-Thuong était solidement fortifié, et que ses défenseurs ne semblaient disposés à l'évacuer que devant un déploiement de forces plus important. D'autre part, la nature excessivement difficile du pays exige que nous nous présentions militairement devant le repaire, avec plusieurs colonnes, afin d'éviter, autant que possible, les pertes que pourrait nous occasionner une attaque dirigée par un seul côté. Le repaire occupé et toute résistance étant écartée, les troupes de renfort du Delta et du 1er territoire seront renvoyées dans leurs garnisons respectives, et celles du 2e territoire destinées à occuper les cantons prendront possession de leurs nouveaux postes et blockhaus.

Le premier résultat est d'obtenir l'enlèvement du repaire de Ké-Thuong, situé dans un massif rocheux et boisé, protégé, en outre, par des défenses accessoires, organisé de longue main et occupé par des adversaires qui ne sont nullement à dédaigner derrière leurs fortifications. Il a donc été formé avec les forces du 2e territoire militaire, soutenues par des fractions prises en dehors, quatre colonnes munies d'artillerie qui, partant de points différents, convergeront sur Ké-Thuong et essayeront, par leur arrivée simultanée devant ce repaire, de paralyser les efforts des défenseurs. L'ordre n° 1 ci-inclus donne la composition de ces colonnes.

La colonne n° 1, sous le commandement de M. le commandant Moreau, formée d'éléments pris dans le Delta, suivra l'itinéraire Thaï-Nguyen—Cho-Moï et se présentera devant Ké-Thuong par l'est et le sud-est, de manière à détourner les défenseurs du repaire des directions ouest et nord-ouest qui seront celles de l'effort principal; de plus, elle aura pour mission de constituer le nouveau centre de ravitaillement de Cho-Moï et d'organiser la ligne de ravitaillement du Song-Cau. Ké-Thuong enlevé, elle effectuera son retour par la rive gauche du Song-Cau, afin de nettoyer, des partis pirates qui pourraient s'y être réfugiés, le nouveau canton de Nung-Ha.

La colonne n° 2, sous le commandement de M. le commandant Gérard, est formée des éléments pris dans le cercle de Pho-Binh-Gia. Elle est déjà à peu près concentrée en entier à Ban-Tinh, c'est-à-dire à une dizaine de kilomètres à peine de Ké-Thuong.

Une récente reconnaissance, faite par M. le commandant du cercle de Pho-Binh-Gia, a permis de s'assurer qu'il serait possible de trouver dans cette direction, malgré les difficultés du pays et les obstacles naturels et artificiels qui entourent le repaire, des emplacements pour l'artillerie et pour les détachements d'infanterie, chargés de couvrir de feux de salve l'intérieur de la position avant l'attaque.

La colonne n° 3, composée des éléments pris dans le cercle de Lang-Son, est placée sous le commandement de M. le lieutenant-colonel Cla-morgan. Elle aboutira sur le repaire par la route de Na-Ri et Taï-Lao; elle se reliera sur sa gauche à la colonne précédente et participera avec celle-ci à l'attaque décisive sur Ké-Thuong. Les troupes qui la constituent sont destinées, après l'évacuation du repaire, à rester dans le cercle de Pho-Binh-Gia et à occuper les nouveaux centres par des

postes et blockhaus dont les emplacements seront ultérieurement déterminés.

Enfin, la 4ᵉ colonne comprend le groupe Bulleux, déjà concentré à
Phu-Ting et tout prêt, au premier ordre donné, à occuper Bac-Kan. Il
sera remplacé à Phu-Ting par le groupe Brulard, venu de Cao-Bang.
Le groupe Bulleux aura pour mission, après avoir occupé Bac-Kan, de
redescendre dans la vallée du haut Song-Cau et de donner la main,
d'une part à Cho-Moï, d'autre part à Ké-Thuong. C'est lui qui assurera
la garde de la nouvelle ligne de ravitaillement du haut Song-Cau, entre
Cho-Moï et Bac-Kan.

Le groupe Brulard sera chargé d'observer la situation du côté de
Luong-Tam-Ky et de se relier avec le secteur de Cho-Ra par Cho-Diem.
Les circonstances décideront s'il lui sera possible ensuite d'occuper Yen-
Tinh, pour souder définitivement le 2ᵉ territoire au 3ᵉ, conformément
aux prescriptions données.

En résumé, l'action principale sur Ké-Thuong, prodrome obligé de
l'occupation des trois nouveaux cantons, aura lieu par les côtés ouest et
nord-ouest, tandis qu'un détachement d'observation fermera aux défenseurs les routes vers le sud et le sud-est. Ba-Ky et ses bandes seront
ainsi obligés de prendre, pour se retirer, les directions du nord et du
nord-est, vers Luong-Tam-Ky et la région laissée encore inoccupée
entre les 2ᵉ et 3ᵉ territoires militaires.

Toutes les mesures préparatoires relatives à la mise en route des
divers détachements destinés à composer les quatre colonnes, ainsi qu'à
leur ravitaillement, sont en cours d'exécution, et il me sera possible,
dans deux ou trois jours, de lancer l'ordre définitif pour la concentration
des quatre colonnes à un jour donné autour de Ké-Thuong; sans pouvoir encore préciser davantage, je pense que cette concentration pourra
avoir lieu du 22 au 25 courant.

Elle sera suivie immédiatement de l'action sur le repaire. Ce centre
de résistance supprimé, il sera procédé à l'occupation définitive des trois
nouveaux cantons, conformément aux principes déjà admis dans le
2ᵉ territoire et qui ont, jusqu'à ce jour, donné les meilleurs résultats.

En exécution de vos prescriptions, j'adresserai à Ba-Ky, avant ma
marche sur Ké-Thuong, un dernier ultimatum lui donnant vingt-quatre
heures pour me restituer le prisonnier; je ne manquerai d'ailleurs
aucune occasion pour essayer d'entrer en relations avec M. Sabot et de
lui venir en aide, s'il m'est possible.

GALLIENI.

Enfin, je crus utile de rappeler aux différents chefs de colonne
les précautions essentielles qu'ils devaient prendre pour assurer
le bon ordre des marches et des combats et l'hygiène des
hommes : les instructions suivantes furent jointes à l'ordre n° 1.

Instructions sur la façon de marcher et de combattre.

I. — MARCHES.

Préparation des marches. — La marche en file indienne donne aux colonnes une telle profondeur qu'il est nécessaire d'appliquer à la mise en route d'une colonne de 400 à 600 hommes les mêmes règles qu'à une brigade ou à une division d'infanterie marchant sur une route d'Europe (*mise en route successive des éléments en indiquant les heures successives, soit du départ du bivouac ou du cantonnement, soit du passage à un point initial*).

Cette mise en route doit, autant que possible, être réglée dès la veille.

Exécution de la marche. — Si une colonne de 400 à 600 hommes se meut tout d'une pièce sur un sentier de montagne, nécessitant la marche en file indienne, elle est sujette à des à-coups continuels dont le résultat est d'éreinter les hommes et les coolies, pour faire des étapes journalières qui ne dépassent cependant pas 15 kilomètres.

Afin d'éviter des fatigues inutiles, il faut donner aux éléments de marche (*groupe d'infanterie, formations d'artillerie, convoi,* etc.) une indépendance relative limitée par certaines obligations d'arrêt; par exemple, l'élément de tête marchera à dix minutes près pendant tant de temps, s'arrêtera de préférence à un point où l'arrêt soit avantageux (*après une montée, après un passage difficile, à l'ombre près de l'eau,* etc.) et attendra que l'élément suivant l'ait rejoint; il se remettre alors en marche dans les mêmes conditions; le deuxième élément attendra le troisième, repartira, et ainsi de suite. De cette façon, les étapes ne sont pas faites plus vite, mais le temps perdu est employé à se reposer.

A chaque halte, soldats et coolies doivent prendre l'habitude de débarrasser le sentier dont le commandant de la colonne peut ainsi profiter pendant la halte pour envoyer des ordres ou pour faire rejoindre leur place de marche aux patrouilles qui auraient pu être envoyées sur les flancs.

Sécurité de la marche. — Toute affaire avec les pirates débute, en général, par une embuscade dans laquelle donne l'avant-garde; c'est chose sur quoi il faut tabler et en raison de quoi il est indispensable que l'avant-garde soit fortement constituée. La présence d'un solide noyau européen empêchera que la surprise *presque fatale* soit suivie d'une reculade de l'avant-garde toujours préjudiciable au bon moral du gros.

Dans le voisinage de l'ennemi, on appliquera utilement les principes de l'article 126 du Service en campagne (*fractions prises en tête envoyées sur les flancs et rejoignant la queue d'un des groupes ou de la colonne*).

Il est enfin indispensable d'avoir un service de renseignements bien
organisé.

II. — Approche.

Dès que le contact est pris, il faut quitter le sentier et *mamelonner*.

Les principes du mamelonnement sont les suivants :

1° Ne pas se mouvoir tous à la fois;

2° Toujours faire soutenir une fraction en mouvement par une fraction
en position et placée en oblique (*infanterie, canon si la distance est trop
grande*);

3° Quand une position a été occupée, elle peut être ensuite tenue
relativement par peu de monde, ce qui économise les forces pour la
continuation de l'approche. Cette possibilité résulte de deux choses :

Apreté du terrain favorable à la défensive;

Manque d'esprit offensif des pirates.

III. — Combat.

La marche d'approche, telle qu'elle est indiquée au chapitre précédent, amènera le plus souvent en face d'une position sur laquelle l'ennemi opposera une résistance sérieuse.

Le principe fondamental à appliquer dans ce cas est le suivant :

En montagne, le feu est tout; le choc est une exception; par conséquent :

1° Plus que jamais, l'attaque doit être préparée par le feu (*fusil ou
canon suivant le cas, user du feu à grande distance*);

2° L'attaque de front est un accessoire ayant pour but :

De tenir un certain front;

De maintenir l'ennemi et de l'occuper pendant que se prépare l'attaque de flanc, souvent longue et pénible à cause du terrain;

De prendre possession de la position, lorsqu'elle aura été évacuée sous
les feux d'enfilade ou de revers de l'attaque de flanc;

3° L'attaque de flanc est l'acte principal qui assure presque toujours
l'évacuation de la position par l'effet seul de son feu;

4° Quand l'attaque de flanc est impossible, la position ennemie peut
être considérée, dans la plupart des cas, comme imprenable; le rôle de
l'attaque est alors de maintenir l'ennemi et de faire traîner le combat
jusqu'à ce qu'un groupe voisin ou une colonne voisine vienne tomber
sur le flanc ou sur les derrières de l'ennemi;

5° Si toutes les colonnes sont arrêtées de la même manière, elles
s'étendent à droite et à gauche, cherchant à se relier, et constituent ainsi
une sorte de première parallèle; on procède alors par cheminement et
recherches successives de position de batteries, d'après les principes de
la guerre de siège. (Ba-Dinh, janvier 1887; Hu-Thué, janvier 1891.)

IV. — Hygiène.

Quoique la saison soit un peu avancée, l'état sanitaire peut être maintenu en très bon état si les hommes ne manquent de rien et si les précautions élémentaires d'hygiène sont rigoureusement observées.

Les commandants des détachements européens prendront leurs dispositions pour le ravitaillement en vivres d'ordinaire (*ils disposent pour cela de leurs bonis*).

Toutes les fois que ce sera possible, les hommes seront allégés pendant la marche.

Chaque homme sera muni d'un bon bidon qui doit être toujours plein au moins d'eau, et de préférence d'une infusion légère de café ou de thé.

Chaque homme doit être muni (*en plus du bidon qui est réservé à l'eau ou à l'infusion hygiénique*) de petits récipients destinés à recevoir le vin ou le tafia qu'il peut avoir à porter sur lui. Quand l'homme n'est pas muni de récipients en quantité suffisante, ne sachant où mettre son alcool de réserve, il le boit en une seule fois et il arrive alors que cette absorption, loin de produire le résultat attendu en réparant les forces, produit l'effet inverse en amenant l'ivresse.

L'usage de l'éventail doit être toléré et même recommandé.

Lorsque, par une température élevée, l'homme a à marcher dans l'eau, il doit se mouiller fréquemment la tête.

Les hommes ne doivent se coucher que munis de leurs ceintures de flanelle et vêtus de leurs effets de drap.

Ces quelques recommandations seront complétées verbalement par les autres prescriptions de détail que l'expérience personnelle des officiers et de leurs médecins pourra leur suggérer.

Hanoï, le 2 avril 1895.

Le Colonel commandant les colonnes,
GALLIENI.

III.

RAVITAILLEMENT ET ORGANISATION DES COMMUNICATIONS.

L'ordre n° 1 et la lettre du 5 avril, tout en indiquant d'une manière approximative l'époque de la concentration des colonnes, ne la précisait pas encore. Cette date était, en effet, subordonnée à la question du ravitaillement dont l'organisation absolument assurée est la condition primordiale de tout mouvement de troupe. Sur lui repose toute liberté de manœuvres, dans les opérations coloniales entre toutes, car l'on ne peut compter ni sur les ressources du pays, ni sur les moyens de transports locaux, ni sur les chemins.

Or, la question du ravitaillement se présentait sous deux aspects bien distincts, selon les deux périodes de l'opération.

Préparation du ravitaillement pour la première période jusqu'à la prise de Ké-Thuong. — Pour la première période (*concentration des colonnes, marche concentrique sur Ké-Thuong et occupation du repaire*), chaque colonne avait sa ligne d'opération bien distincte, correspondant à chacun des quatre axes :

> Dap-Cau, Cho-Moï (1ʳᵉ colonne) ;
> Pho-Binh-Gia, Ban-Tinh (2ᵉ colonne) ;
> Lang-Son, Na-Ri (3ᵉ colonne) ;
> Cao-Bang, Phu-Tong-Hoa (4ᵉ colonne).

Sauf pour les 2ᵉ et 3ᵉ qui se confondaient en partie, ces axes étaient séparés les uns des autres par des régions très difficiles, sans voies de communication transversales et d'ailleurs en partie occupées par les pirates. Il fallait donc assurer à chaque colonne son ravitaillement propre en lui constituant un magasin à chacune des têtes de ligne d'étapes Cho-Moï, Ban-Tinh, Na-Ri, Phu-Tong-Hoa, de sorte que chacune pût se suffire elle-même, sans avoir à recourir aux voisines.

Pour la 1ʳᵉ colonne, ainsi qu'on le verra plus loin, un grand magasin se constituait à Cho-Moï simultanément à la marche de la colonne : elle n'avait qu'à y prélever dans la mesure de ses besoins, ainsi que dans les magasins de Dap-Cau et de Thaï-Nguyen qu'elle traversait.

Mais, ·pour les 2ᵉ et 3ᵉ colonnes, les difficultés étaient extrêmes. Bien que, d'après le plan d'opérations, ces colonnes ne dussent que passer à Ban-Tinh et à Na-Ri et n'utiliser ces magasins que jusqu'à la prise de Ké-Thuong, c'est-à-dire, selon toute probabilité, pendant huit jours au plus, il fallait prévoir tous les mécomptes, compter même avec l'insuccès, en un mot, éviter à tout prix qu'une colonne risquât d'être immobilisée ou ramenée en arrière faute de vivres. J'avais donc fixé à quinze jours l'approvisionnement initial de ces deux magasins.

Or, la voie la plus facile, celle de Cho-Moï—Ban-Tinh—Na-Ri n'était pas libre, puisque, d'une part, Cho-Moï n'était pas encore occupé et que la constitution de son magasin pouvait être retardée par des incidents entre Thaï-Nguyen et Cho-Moï, dans la zone où avaient été enlevés les deux télégraphistes ; que, d'autre part, les pirates tenaient le pays entre Cho-Moï et Ban-Tinh, à Nhi-Co notamment où ils avaient un poste.

Il fallait donc tirer ce double ravitaillement de l'arrière, de Lang-Son et de Pho-Binh-Gia, respectivement à sept, trois, neuf et cinq jours de marche de Na-Ri et de Ban-Tinh.

Pour les vivres d'européens, ils devaient être tirés du magasin de Pho-Binh-Gia, approvisionné pour un an pour un effectif de 300 Européens.

Mais, pour le riz, tous les renseignements s'accordaient à dire qu'il n'y avait pas à compter en acheter sur place. La région placée entre nos postes et les pirates, constamment ravagée par ceux-ci, était dépeuplée, ruinée et inculte. Le nouveau cercle de Pho-Binh-Gia, occupé depuis moins d'un an, commençait à peine à se repeupler et à reconstituer ses rizières. C'était, à raison d'un millier d'indigènes par colonne, coolies compris, 30,000 kilo-grammes de riz qu'il fallait apporter de Lang-Son dans le plus bref délai, sans compter le transport des vivres d'européens amenés de Pho-Binh-Gia, les réserves de munitions prescrites par l'ordre n° 1, et cela, sans aucune ressource locale en coolies. Le peu d'habitants de la région suffisait à peine à assurer les partisans nécessaires au service des deux colonnes.

Dans ces conditions difficiles, le commandement eut l'heureuse fortune de trouver, chez le commissaire général chef des services administratifs et chez tout le personnel placé sous ses ordres, le concours le plus empressé et le plus entendu. D'autre part, le commissaire général assurait dans le Delta le recrutement immé-diat, l'équipement et le transport de 725 coolies qui arrivaient à Lang-Son dès le 5 avril ; il mettait entièrement sous les ordres du colonel commandant les aides-commissaires Roussel et Véron, le premier pour la constitution du magasin de Cho-Moï, le second pour la constitution des magasins de Na-Ri et de Ban-Tinh. De la sorte, l'unité d'action était assurée. Tandis que, dans l'expédition du Caï-Kinh, l'année précédente, les opérations avaient été retardées et avaient failli être compromises, faute de l'unité d'action et de commandement, cette fois, malgré des difficultés plus grandes, malgré des incidents imprévus, le ravitaillement put être assuré dans des conditions parfaites et dans un délai inespéré. Ce résultat est venu démontrer, une fois de plus, la nécessité absolue, pour les opérations militaires, de la réunion, sous la même direction, du commandement et de l'administration. Il est tout à l'honneur de M. le commissaire général de Montfort, qui a si largement facilité l'action du commandement.

L'unité de direction assurée et tous les renseignements nécessaires réunis, je prescrivis, le 1er avril, que le 13 les magasins de Ban-Tinh et de Na-Ri fussent approvisionnés à huit jours, le 19 à quinze jours.

Répartition du service. — Le commandant Gérard, commandant le cercle de Pho-Binh-Gia et la 2e colonne, avait l'ordre de constituer le magasin de Ban-Tinh en y amenant de Pho-Binh-Gia les vivres d'européens, sa réserve de munitions, et en y réunissant tout ce qu'il pourrait tirer de riz du pays et de ses postes de Cuc-Duong et de Na-Ri.

Il devait, en outre, faire préparer à Na-Ri, pour la 3e colonne, quatre fours en terre et les abris nécessaires.

Le capitaine Chartier, chargé du service de ravitaillement dans le 2e territoire, avait l'ordre de pousser sur Ban-Tinh et Na-Ri tout le riz nécessaire, au moyen des 725 coolies dits de ravitaillement mis exclusivement à sa disposition, de régler les quantités respectives à prélever pour les deux colonnes sur le magasin de Pho-Binh-Gia, de fournir aux deux colonnes la viande sur pied et les vivres d'ordinaire et de s'occuper ensuite spécialement de la constitution du magasin de Na-Ri.

L'aide-commissaire Véron, chargé du service à Lang-Son, avait mission d'assurer la réunion à Lang-Son des approvisionnements et leur mise en route. Il devait ensuite assurer la régularité administrative de tous les mouvements de magasins, ainsi que le règlement des coolies, à chacun des licenciements successifs de leurs groupes, le capitaine Chartier restant chargé des mouvements de l'arrière sur les magasins et de leurs escortes, et chacun des commandants de colonne, de l'exécution des mouvements des magasins sur les têtes de colonne. Un détachement de 100 miliciens de la brigade du chemin de fer était mis à la disposition spéciale du capitaine Chartier pour l'exécution de sa mission, comme troupes d'étapes.

Pour la 4e colonne : son premier groupe, constitué par la garnison de Tong-Hoa-Phu et de Bo-Ba, devait vivre, quant aux vivres d'européens, sur les magasins constitués pour un an dans ces postes, et, quant au riz, sur les ressources locales.

C'était à son chef, le capitaine Bulleux, à en assurer le transport pendant la marche sur Bac-Kan, à une petite journée de Phu-Tong-Hoa.

Le commandant du groupe venu de Cao-Bang devait, au contraire, amener avec lui quarante-cinq jours de vivres, riz compris, de manière à ne rien prélever sur le magasin de Phu-Tong-Hoa qu'il eût fallu ensuite rétablir, ni sur le pays qui suffisait tout juste à alimenter en riz le groupe Bulleux.

Préparation du ravitaillement de la deuxième période. Occupation du Song-Cau. — Pour la deuxième période (*occupation des cantons après la prise de Ké-Thuong*), l'axe des opérations devenait le haut Song-Cau, dont la prise de Ké-Thuong assurait *ipso facto* la possession.

La ligne de ravitaillement devenait, dès ce moment, cette voie naturelle.

En conséquence, je demandais au chef des services administratifs dès le 28 mars : 1o de réunir d'urgence à Thaï-Nguyen un approvisionnement de deux mois de tous vivres pour l'ensemble des troupes en opération et de huit mois pour les troupes destinées à l'occupation des cantons; 2o de constituer à Thaï-Nguyen une flottille de 80 sampans (40 *sampans correspondant à huit jours de vivres pour l'ensemble des colonnes*), de telle sorte que, sitôt la route de Thaï-Nguyen à Cho-Moï assurée, cet approvisionnement pût être poussé à Cho-Moï dans l'ordre d'urgence suivant :

1o Huit jours de vivres pouvant ravitailler, au débouché de Ké-Thuong, le lendemain même de l'occupation du repaire, toutes les troupes et leur assurer ainsi leur entière liberté de manœuvre pour la poursuite;

2o *a*) Le matériel de l'hôpital de campagne;

b) Une réserve de munitions assurée à Thaï-Nguyen par le service de l'artillerie, à raison de 70 cartouches par homme et 55 coups par pièce;

c) Une réserve d'outils pour les premiers postes à créer;

3º Le complément des vivres.

L'aide-commissaire Roussel était chargé de la constitution administrative du magasin de Cho-Moï.

Le commandant de la 1ʳᵉ colonne avait pour mission :

1º D'ouvrir la ligne du Song-Cau de Thaï-Nguyen à Cho-Moï et de Cho-Moï au débouché de Ké-Thuong;

2º D'assurer l'arrivée à Cho-Moï des huit premiers jours de vivres, de l'hôpital de campagne et de la réserve de munitions;

3º D'assurer l'installation d'un second magasin éventuel sur le Song-Cau, aussi près que possible du débouché du repaire.

Le commandant Lecacheur, commandant d'armes de Thaï-Nguyen, était chargé après le passage de la 1ʳᵉ colonne, comme commandant de ligne d'étapes, d'assurer la sécurité de la ligne de ravitaillement Dap-Cau—Cho-Moï :

1º En faisant occuper par ses troupes, sur cette ligne, les points de Lang-Hitt, Van-Lang, Cho-Moï;

2º En se reliant avec les postes du secteur de Cuc-Duong, dépendant du cercle de Pho-Binh-Gia.

Communications télégraphiques. — Deux lignes télégraphiques furent posées :

1º De Pho-Binh-Gia à Na-Ri, 60 kilomètres.

Commencée le 15 mars par ordre du commandant du cercle de Pho-Binh-Gia, elle fut terminée en vingt-huit jours, sur un parcours où il n'existait pas de chemin et où toute la voie était à débroussailler, sous la direction énergique du lieutenant d'artillerie Jacquet et, le 15 avril, jour de mon arrivée à Na-Ri, j'avais ces communications assurées.

2º De Thaï-Nguyen à Cho-Moï, 45 kilomètres.

Commencée par les deux télégraphistes Hirlet et Sabot, cette ligne avait été abandonnée depuis leur attaque par les pirates. Le commandant de la 1ʳᵉ colonne avait l'ordre de la reprendre à mesure de sa marche. Sous la direction du service technique et du chef artificier Alliot, elle fut achevée le 17 avril au soir.

IV.

ORDRES DE MOUVEMENT.

Toutes les mesures préparatoires assurées, je pus arrêter la date du 17 avril pour la concentration des 1re, 2e et 3e colonnes à chacune des têtes d'étapes, Cho-Moï, Ban-Tinh, Na-Ri, et la date du 24 avril pour l'enlèvement de Ké-Thuong.

ORDRE Nº 2.

Les 1re, 2e et 3e colonnes, constituées ainsi qu'il a été indiqué dans l'ordre nº 1, ont pour objectif commun le repaire de Ké-Thuong. Elles seront mises en mouvement chacune sur l'ordre de son chef, de manière à être amenées sur le repaire le 24 avril, entre 7 et 8 heures du matin :

La 1re colonne, par la vallée du Song-Cau;

La 2e colonne, par Ban-Tinh et Hin-Sap;

La 3e colonne, par Na-Ri, Taï-Lao.

Les trois colonnes se donneront immédiatement la main et chercheront à occuper solidement tous les débouchés des chemins et sentiers pénétrant sur le repaire.

Le mouvement devra être mené très vigoureusement, tout en observant avec soin les règles relatives au service de renseignements, en se faisant éclairer autant qu'il est possible dans ce pays difficile, en occupant les sommets et en évitant de s'avancer en terrain découvert sous le feu ennemi.

Arrivé à proximité du repaire, le colonel commandant, qui marchera avec la 3e colonne, donnera au besoin des ordres pour la suite des opérations à ceux des chefs des différentes colonnes avec qui il sera en relations.

C'est aux 2e et 3e colonnes qu'est réservé l'effort principal et direct sur le repaire, la 1re colonne ayant pour objet de créer une diversion, de menacer la position ennemie par le sud-ouest et de faciliter ainsi l'action des colonnes d'attaque.

Le groupe de la 4e colonne, commandé par le capitaine Bulleux, sera chargé de l'occupation de Bac-Kan et devra s'être avancé, le 24 au matin, sur le Song-Cau, assez au sud pour donner la main à la 3e colonne, en évitant, autant que possible, de s'engager.

Tout en se conformant d'une manière générale à la mission qui lui est confiée, chaque commandant de colonne conservera complètement l'initiative qui est indispensable pour toute opération de guerre, dans ce pays plus que partout ailleurs, et devra s'inspirer constamment du but à atteindre : enlever le repaire de Ké-Thuong au moyen d'une action principale faite par les 2ᵉ et 3ᵉ colonnes et d'une action démonstrative faite par la 1ʳᵉ colonne, et donnera tous les ordres et prendra toutes les mesures qu'il jugera nécessaires pour atteindre ce but.

Le 23 au soir, si tous les mouvements ont pu s'exécuter conformément aux prévisions, chaque colonne lancera deux fusées blanches.

S'il arrivait au cours des opérations à une colonne de recevoir d'une colonne voisine des coups de fusil ou de canon, elle lancerait quatre fusées alternativement blanches et rouges.

Pendant tout le cours des opérations, il est prescrit de la manière la plus stricte de ne jamais sortir des cantons de Dong-Vien, de Nung-Ha et de Nung-Thuong, cédés à l'autorité militaire, et, à cet effet, de s'enquérir constamment de leurs limites administratives.

Hanoï, le 6 avril 1895.

Le Colonel commandant les colonnes,
GALLIENI.

ORDRE Nº 3.

Mission de la 4ᵉ colonne. — Les 1ʳᵉ, 2ᵉ et 3ᵉ colonnes, constituées ainsi qu'il a été dit par l'ordre général nº 1, se présenteront devant Ké-Thuong, le 24 avril au matin à la première heure, la 1ʳᵉ colonne marchant par la vallée du Song-Cau, la 2ᵉ colonne par Ban-Tinh, la 3ᵉ par Na-Ri, Taï-Lao.

Le groupe commandé par le capitaine Bulleux agira simultanément par la vallée du haut Song-Cau. Il s'établira à Bac-Kan, le 21 avril ; de ce point, il dirigera sa marche de manière que, le 24 au matin, il ait pu prendre position vers Cao-Ky et donner la main à la 3ᵉ colonne qui s'avancera vers le repaire par Na-Ri, Taï-Lao. Ce groupe a une mission d'observation, d'embuscades et de liaison et doit éviter, autant que possible, de s'engager.

Le groupe du capitaine Brulard, renforcé d'un peloton de 80 tirailleurs amenés de Cao-Bang en surplus de l'effectif prévu par l'ordre nº 1, relèvera dans ses postes les troupes d'opération du capitaine Bulleux.

Le capitaine Brulard fera occuper Bac-Kan pendant le mouvement du groupe du capitaine Bulleux et prendra les mesures nécessaires pour assurer à ce groupe sa liberté d'action vers Cao-Ky et Ké-Thuong jusqu'à l'enlèvement du repaire, en observant particulièrement la direction du sud-ouest.

A ce moment, les deux commandants des deux groupes recevront les ordres du colonel commandant les colonnes pour les dispositions qu'ils auront à prendre.

Le capitaine Bulleux prendra ses mesures pour commencer, dès qu'il le pourra, à ravitailler Bac-Kan sur le magasin de Phu-Tong-Hoa.

Le 23 au soir, si tous les mouvements ont pu s'exécuter conformément aux prévisions, chaque colonne lancera deux fusées blanches.

S'il arrivait au cours des opérations à une colonne de recevoir d'une colonne voisine des coups de fusil ou de canon, elle lancerait quatre fusées alternativement blanches et rouges.

Il est absolument interdit de sortir des limites des cantons de Dong-Vien, de Nung-Thuong et de Nung-Ha cédés à l'autorité militaire.

Tout acte d'hostilité doit être particulièrement évité sur les territoires dépendant du chef Luong-Tam-Ky, avec lequel il est, au contraire, essentiel de maintenir des relations amicales.

Hanoï, le 6 avril 1895.

Le Colonel commandant les colonnes,

GALLIENI.

V.

COMPLICATIONS. — EFFORT GÉNÉRAL ET COMBINÉ DE LA PIRATERIE.

Ces ordres étaient à peine donnés que parvenait, du 6 au 12 avril, une série de renseignements qui modifiaient gravement la situation.

Il n'y eut, en effet, bientôt plus à en douter : devant les progrès de notre occupation dans le Tonkin central, devant les menaces imminentes qui en résultaient pour une de ses dernières et principales places d'armes, toute la piraterie tentait un grand effort, ses tentatives surgissaient de tous les points à la fois et rien n'a démontré d'une manière plus évidente que la simultanéité de ces mouvements, la complicité constante de tous les chefs pirates, tant de l'intérieur que de la frontière chinoise, alors même qu'ils s'en défendent le plus :

1° Sur la frontière de Chine du cercle de Cao-Bang apparaissaient simultanément dans les derniers jours de mars et les premiers jours d'avril :

a) Sur le Luc-Ku, une bande de 100 fusils dépendant de Mac-Quoc-Kanh ;

b) Vers La-Hoï, au nord-est de Ta-Lung, une bande de 300 fusils dépendant de Chou-Ky-Say, qui ne cachait pas son projet de réoccuper les anciens repaires de Lung-Mo et de Coc-Tem.

c) En face du secteur de That-Khé, vers Ha-Dong, un rassemblement de 300 à 500 fusils, dépendant de A-Hop et de A-Nhat, auquel les renseignements indigènes prêtaient l'intention de venir renforcer sur le haut Song-Cau les contingents de Ba-Ky et de Luong-Tam-Ky;

2° Sur la frontière ouest du cercle de Cao-Bang, les bandes de Hoang-Cau et de Pha-Nhi s'agitaient en menaçant nos postes de Phia-Ma et de Bac-Mu, avec un effectif d'environ 400 fusils;

3° Au sud-ouest du cercle de Cao-Bang et dans la partie nord du cercle de Pho-Binh-Gia, se prononçait un grand mouvement procédant sinon de Luong-Tam-Ky lui-même, du moins des chefs rassemblés autour de lui dans la région de Cho-Chu;

a) 250 fusils commandés par Mong-Tong-Gié partaient de Cho-Chu, remontaient au nord-est par une marche audacieuse et secrète, tombaient, le 3 avril, entre Phu-Tong-Hoa et Xéco sur un convoi de 250 coolies du cercle de Pho-Binh-Gia qu'ils forçaient à rebrousser chemin, traversaient le Déo-Cao-Pi et venaient s'établir dans l'ancien repaire de Lung-Kett, où ils trouvaient une position des plus fortes et s'établissaient solidement, commandant de là la route de Ngan-Son à Mo-Xat et menaçant sérieusement les communications entre Cao-Bang et Phu-Tong-Hoa.

Le lieutenant Vacher, commandant le poste de Ngan-Son, informé de cette marche avait, le 5 avril, avec 60 fusils, exécuté une vigoureuse reconnaissance offensive où il avait surpris et fusillé à 300 mètres les pirates au bivouac; il avait lui-même perdu un tué et un blessé et reconnu qu'il faudrait un sérieux effort pour les déloger;

b) 150 fusils sous Pay-Quoc-Ly-Sam, venus également de Cho-Chu, débouchaient du massif montagneux et forestier du Phia-Biock et réoccupaient sur son versant est l'ancien repaire de Lung-Tao.

c) Un peu au sud, débouchant également du Phia-Biock, 500 à 600 fusils, commandés par Luong-Van-Son, le plus sérieux des chefs de la région de Cho-Chu, étaient tombés sur notre village fortifié de Coc-Tem.

Le lieutenant Rouy, commandant le poste de Bo-Ba, s'y était porté immédiatement avec 55 fusils. Cerné dans Coc-Tem, il y avait soutenu plusieurs assauts, à 20 mètres de la palissade, sans se laisser entamer, avait fait dans la nuit du 31 mars au 1er avril une sortie infructueuse et perdu dans ces combats deux Européens et deux indigènes. Le capitaine Bulleux, commandant le poste de Phu-Tong-Hoa, était venu le débloquer le 2 avril avec 45 fusils disponibles, avait ramené à Phu-Tong-Hoa les habitants et les armes, après avoir rasé le village de Coc-Tem pour ne pas le laisser aux pirates. Ceux-ci avaient également tenté d'enlever le village fortifié voisin de Cao-Kiem et avaient été repoussés par nos partisans;

4° Les convois de vivres et de munitions destinés au ravitaillement de Phu-Tong-Hoa étaient arrêtés à Ha-Hien;

5° Il était signalé que les pirates de Cho-Chu attendaient de Chine un fort convoi de munitions, qui réussit en effet à pénétrer par la région Bao-Lac—Yen-Tinh.

A mesure de l'arrivée de ces renseignements, je prescrivis les mesures suivantes:

1° Renforcer d'un groupe (50 *Européens*, 75 *tirailleurs*) la 3ᵉ colonne dont la droite se trouvait menacée par la présence de bandes entre Phu-Tong-Hoa et Na-Ri;

2° Renforcer de 80 tirailleurs du cercle de Cao-Bang le groupe Brulard (2ᵉ *groupe de la 4ᵉ colonne*) de manière à assurer à tout prix la protection des convois de vivres et de munitions destinés à Phu-Tong-Hoa;

3° Toute initiative était laissée au lieutenant-colonel Vallière, commandant le cercle de Cao-Bang, pour, d'une part: refouler en Chine toutes les bandes signalées sur la frontière; d'autre part, dégager la ligne de communication Cao-Bang—Phu-Tong-Hoa, en opérant successivement contre Lung-Kett et le Phia-Biock;

4° A cet effet, il était constitué dans le secteur de That-Khé (*cercle de Lang-Son*) un groupe de 90 fusils (40 *légionnaires*, 50 *tirailleurs*), sous le commandement du capitaine Rogerie, mis aux ordres du lieutenant-colonel Vallière, avec la mission spéciale de se porter sur Yen-Lac et Kim-Hi, pour prendre à revers le repaire de Lung-Kett;

5° Demande était adressée à l'autorité civile pour qu'elle fasse occuper par un poste de milice le point de Moly-Nham, au nord-est de Thaï-Nguyen, de manière à compléter le réseau de postes établis par le commandant Lecacheur et le cercle de Pho-Binh-Gia pour interdire aux pirates de Ké-Thuong toute retraite vers le Yen-Thé;

6° Le commandant du cercle de Cho-Phong recevait l'ordre

de redoubler de surveillance pour la protection de la ligne du chemin de fer ;

7º Le chef soumissionnaire Doc-Xuyet avait mission de parcourir le Bao-Day pour y prévenir tout mouvement suspect ;

8º Une correspondance était échangée avec le général Sû, commandant les troupes chinoises de la frontière, qui intervenait contre les rassemblements signalés vers La-Hoï et Ha-Dong et contribuait à nous dégager de ce côté.

Les qualités militaires de premier ordre du lieutenant-colonel Vallière, son esprit de décision surtout eurent une large part dans le succès de ces mesures ; l'organisation solide que j'avais donnée à nos frontières fit le reste. La division en secteurs, complétée par l'institution des villages armés et des partisans, donna tous les résultats que l'on pouvait espérer, et sur tous les points l'invasion fut repoussée et les bandes qui la tentaient furent détruites pour la plupart.

1º Le commandant Nouvel, du 1er bataillon étranger, à la tête de 250 fusils, se portant à la position centrale de Cat-Linh, arrêta net le mouvement offensif sur le Luc-Khu, à la rencontre de Lung-Minh ;

2º Le capitaine Vannier, commandant le secteur de Ta-Lung, avec un groupe de 210 fusils, était en mesure, après ce succès, d'arrêter les rassemblements signalés de Ta-Lung à That-Khé : les pirates laissaient, le 17 avril, deux tués dans un engagement avec nos partisans, entre Phuc-Hoa et Dong-Khé ;

3º Le lieutenant Hildibrand, chancelier du cercle, formait un groupe léger de 150 partisans qui battait les points de la frontière inaccessibles aux Européens et à leurs convois ;

4º Le commandant Le Ny, commandant le secteur de Cho-Ra, se portait avec deux groupes, commandés par les capitaines Laverdure et Dehove, et le groupe Brulard, formant un total de 447 fusils, à l'attaque du formidable repaire de Lung-Kett et l'enlevait après un brillant assaut à la baïonnette, où nous ne perdions que vingt-sept hommes tués ou blessés ;

5º Le lieutenant-colonel Vallière lui-même, à la tête des 250 fusils du commandant Nouvel, se portait vers Ngan-Son, tant pour soutenir, si besoin, le commandant Le Ny dans l'attaque de Lung-Kett que pour se porter avec lui, après cette attaque, contre le Phia-Biock, déblayer entièrement les communications entre Cao-Bang et Phu-Tong-Hoa, venir appuyer les groupes Bulleux et Brulard et concourir aux opérations du haut Song-Cau. Le lieutenant-colonel Vallière estimait que toutes ces opérations terminées, il pourrait être à Phu-Tong-Hoa le 22 ; l'événement lui donna raison.

J'avais une telle confiance dans l'énergie de cet officier supérieur, j'étais si sûr de la solidité de nos frontières et de nos villages armés, que je ne marquai même pas un temps d'arrêt dans la marche des opérations vers Ké-Thuong. Tout retard pouvait d'ailleurs être funeste, en raison de l'état avancé de la saison et d'une concentration possible des bandes pirates ; je ne pouvais songer à attendre le résultat des différentes mesures prescrites au colonel Vallière, et dont, par anticipation, je viens de résumer les effets. Les ordres nos 2 et 3 furent donc suivis de leur exécution immédiate.

VI.

MARCHES DE CONCENTRATION.

1re *colonne*. — Concentrée le 8 avril à Dap-Cau, elle en repart le 10 et arrive le 12 à Thaï-Nguyen.

Là, sont formés de tous les approvisionnements qui doivent monter à Cho-Moï (*huit jours de vivres pour l'ensemble des troupes, hôpital de campagne, réserve de munitions*), deux convois qui sont mis en route le 14, savoir :

1o Un convoi fluvial (51 sampans), escorté par un groupe d'infanterie ;

2o Un convoi par terre escorté par le reste de la colonne.

Ce convoi, ainsi que la colonne, arrive le 16 à Cho-Moï.

Le convoi fluvial arrive le 17.

Le médecin-major Bonnefoy et l'aide-commissaire Roussel installent l'hôpital de campagne et le magasin.

2e *colonne*. — Constituée par les troupes du cercle du Pho-Binh-Gia, sur leur propre territoire, la colonne se forme à Ban-Minh où arrivent, le 16 et le 17, les divers détachements venant de Van-Linh, Vu-Nhaï, Cuc-Duong, Na-Ri, Pho-Binh-Gia.

3e colonne. — Le premier groupe et l'artillerie quittent Lang-Son le 5 avril, servant d'escorte aux premiers convois de ravitaillement dirigés sur Na-Ri où ils arrivent le 11.

Les deuxième, troisième et quatrième groupes partent successivement de Lang-Son les 9, 10 et 11 avril, pour arriver à Na-Ri les 15, 16 et 17.

A cette date, les trois colonnes d'attaque sont concentrées à leurs têtes d'étapes (*à une journée et demie de marche l'une de l'autre*).

Le ravitaillement avait pu être constitué dans les conditions prescrites, sauf à Na-Ri. Les 725 coolies du Delta ayant eu, à Pho-Binh-Gia, par les renseignements indigènes, connaissance de la surprise à Vu-Monh d'un convoi de coolies, dont plusieurs étaient restés sur le carreau, par la bande de Muong-Tong-Gié, avaient pris peur. A la faveur d'un violent orage, 400 d'entre eux avaient pris la fuite pendant la nuit du 8 au 9. Comme ils étaient destinés à transporter en deux voyages 12,000 kilogrammes de riz à Na-Ri, le ravitaillement devenait gravement compromis, et la 3e colonne ne trouvait à son arrivée que cinq jours de riz au lieu de quinze. Grâce aux émissaires lancés dans toute la région, au zèle du chef de canton de Con-Minh et à l'appât de l'argent comptant, 6,000 kilogrammes de riz sortirent en trois jours des cachettes où, jusque-là, les habitants les avaient enfouis par peur des pirates. En outre, 4,000 kilogrammes purent être prélevés sur le magasin de Ban-Tinh, et aucun retard ne fut, de ce fait, malgré des craintes momentanées, apporté aux opérations.

VII.

ENLÈVEMENT DE KÉ-THUONG.

Terrain. — Le massif de Ké-Thuong est compris dans l'angle formé par la vallée du Song-Cau, à l'ouest, par la trouée Cho-Moï—Na-Ri, au sud-est. Cette trouée, bien que correspondant à deux cours d'eau coulant en sens inverse : l'un, le Suoï-Nhï-Co sur Cho-Moï ; l'autre, le Song-Na-Gin sur Yen-Lac, n'en forme pas moins un même couloir naturel, les deux bassins n'étant séparés que par un seuil très peu élevé.

Cho-Moï est au sommet de l'angle ainsi formé ; l'importance militaire et commerciale de ce point en découle.

Le massif de Ké-Thuong est une des régions montagneuses des plus difficiles du Tonkin ; il se rattache au nord aux massifs du Déo-Gian et du Déo-Cao-Pi, qui forment la ceinture nord du bassin du Song-Cau et séparent le cercle de Cao-Bang de la région de Phu-Tong-Hoa.

Le massif de Ké-Thuong forme un inextricable enchevêtrement de forêts, de rochers, de ravins, presque impénétrables. Limité à l'est et au sud par de hautes falaises sans cols naturels, il s'ouvre sur le Song-Cau par quelques gorges étroites qui en sont les seuls accès.

Le repaire même a la forme d'un cirque dont les parois sud et est ont un relief de 500 mètres. Cette muraille est elle-même séparée de la vallée de Cho-Moï—Ban-Tinh par une sorte de chemin de ronde constitué par les ravins de Na-Ha, That-Va et Na-Hua qui augmentent d'autant les difficultés d'accès, puisqu'iis doublent l'obstacle.

Jusque-là les pirates n'avaient regardé le repaire comme accessible que :

1° Par la gorge qui débouche sur le Song-Cau ; aussi y avaient-ils accumulé les défenses, particulièrement en aval de Chang-Giaï : à Na-Tan, à Na-Keu et à Pa-Cop, points où l'arroyo est étranglé entre des rochers à pic recouverts d'une végétation inextricable. En arrière, le réduit était formé par les deux forts de Dé-Than et de Dé-Nguyen, établis dans le fond de la gorge en face de la maison non fortifiée de Ba-Ky et sous la protection de la redoute casematée de Chang-Giaï, construite sur un mamelon découvert ;

2° Par le nord-ouest dans la direction de Bac-Kan, Cao-Ky, Taï-Lao, où les rochers font place à des mamelons herbeux ; de ce côté aussi, le ravin de Na-Quang leur offrait une première défense, et ils avaient, sur la longue croupe qui sépare ce ravin du repaire, établi une série de postes fortifiés à Phu-Vang, Bu-Caï et au-dessus de Na-Quang ; mais ils redoutaient peu de chose de ce côté en raison de l'éloignement de nos postes de Bo-Ba et de Phu-Tong-Hoa et de l'occupation par eux-mêmes du haut Song-Cau qu'ils tenaient à Cao-Ky et Bac-Kan.

Ils regardaient, au contraire, comme absolument inaccessibles,

les accès du sud-est venant de Nhi-Co, de Ban-Na, Ban-Tinh, Phiem-Mong et Na-Tack.

Le premier de ces accès l'était en effet d'une manière absolue. Une reconnaissance faite par le lieutenant Bonnin était venue confirmer sur ce point les renseignements indigènes. De Nhi-Co au repaire, aucune troupe ne pouvait songer à s'engager, le passage individuel même y était impossible.

Par les autres accès réputés inaccessibles, aucune action n'eût été possible non plus, si des reconnaissances menées depuis un mois par le commandant Gérard lui-même, le lieutenant Banal, commandant le poste de Ban-Tinh, le lieutenant Wemel, commandant le poste de Na-Ri, et leurs émissaires, avec autant de méthode que de hardiesse et de sentiment du terrain, n'avaient repéré les débouchés.

Liaison des colonnes. — Arrivé à Na-Ri le 15 avril, je donne aux trois colonnes l'ordre de se mettre en liaison dès le 17 :

La 1re, en faisant occuper les points de Nhi-Co et de Ban-Cap, à l'est de Cho-Moï;

La 2e, en faisant occuper le poste de Ban-Na, à l'ouest de Ban-Tinh;

La 3e, en faisant occuper les points de Phiem-Mong et de Na-Tack, à l'ouest de Na-Ri.

Cette occupation se fit du 17 au 21, sans coup férir, les pirates ayant évacué leur poste de Nhi-Co.

Les colonnes se donnant la main par leur postes extrêmes et occupant ainsi tous les débouchés, interdisaient d'une manière absolue la retraite des pirates vers le sud, c'est-à-dire vers le Yen-Thé et le Delta.

En arrière de cette première ligne, des troupes de Thaï-Nguyen et du secteur de Cuc-Duong, liées entre elles, en formaient une seconde.

Le résultat poursuivi fut entièrement atteint : aucune bande ne put se retirer dans la direction du sud.

D'autre part, ayant reçu le 16 l'avis de l'enlèvement par le commandant Le Ny du repaire de Lung-Kett et de la retraite de ses défenseurs vers le sud-ouest, c'est-à-dire dans la direction de Bac-Kan, je prescrivais à la 3e colonne de s'éclairer fortement sur sa droite ; en même temps j'avisais par émissaire le capitaine

Bulleux, qui avait à manœuvrer avec une force faible au travers de toutes les bandes, de ne s'avancer au sud de Bac-Kan qu'avec la plus grande prudence en se bornant à un rôle d'observation et de démonstration.

Mission spéciale de la 1re colonne. — Le 17 avril prévoyant que, selon toute probabilité, l'opération s'exécuterait désormais dans les conditions de dates fixées, voulant m'assurer, dès le lendemain de la prise du repaire, la liberté absolue de mes mouvements sur le Song-Cau, je donnais à la 1re colonne mission principale, tout en concourant à l'attaque du 24, de préparer et d'assurer l'installation et le ravitaillement d'un poste-magasin, à hauteur du débouché de Ké-Thuong, dans des conditions telles que toutes les colonnes pussent se ravitailler sur ce poste à partir du 27.

Ordre complémentaire pour l'attaque du 24. — Le 18 avril, après avoir recueilli sur place les derniers renseignements sur le terrain, sur la situation des pirates (renseignements auxquels le chef de canton de Con-Minh contribua largement en établissant un plan en relief en terre glaise qui, à défaut d'autre carte, donna les seules indications à peu près exactes), je donnai l'ordre général n° 4.

Ordre n° 4.

Les reconnaissances exécutées mettent en mesure de compléter, par les renseignements et les prescriptions qui suivent, l'ordre n° 2, tout en se tenant aux lignes générales qu'il a tracées.

I. — Au sud du repaire, entre l'arroyo de Ké-Thuong, le Song-Cau et la route de Cho-Moï à Ban-Tinh, le terrain est constitué par un massif rocheux et boisé très difficile, tandis que le terrain se dégage au nord-est et au nord, où il est constitué par des mamelons.

Il en résulte que c'est par le nord et l'est que se fera l'effort.

II. — Les positions pirates sont constituées : 1° par le repaire même où les défenses sont accumulées le long de l'arroyo, depuis le réduit casematé de Chang-Giaï, à l'est, jusqu'à Pa-Cop, au débouché ouest; la rive sud de l'arroyo est bordée de tranchées défensives; 2° par une série de postes détachés dont les principaux paraissent être Na-Quang, Bu-Caï, Hin-Sap, Lung-Than, entre lesquels le terrain est couvert de

CHANG-GIAÏ (Vue du repaire).

Colonne du Haut Song–Cau (Avril 1895).

défenses accessoires : tranchées, trous de loups, piquets dissimulés dans les hautes herbes.

Les renseignements s'accordent, en outre, à signaler vers Cao-Ky de fortes bandes venues du nord-ouest.

III. — La 3ᵉ colonne est chargée de l'attaque par le nord.

La 2ᵉ colonne, de l'attaque par l'est.

Les deux colonnes se réuniront sur la ligne Phu-Vang—Chang-Giaï.

Par sa droite, la 3ᵉ colonne menacera la retraite vers Cao-Ky et s'étendra jusqu'au ravin de Na-Quang, après avoir pris un solide point d'appui vers Taï-Lao.

Par sa gauche, la 2ᵉ colonne occupera Lung-Than.

Les deux colonnes prendront pour objectif commun le poste annamite de Chang-Giaï et le repaire de Ké-Thuong, puis successivement toutes les défenses du repaire de l'est à l'ouest.

IV. — La marche d'approche sera menée avec la plus extrême prudence, constamment préparée par l'artillerie et les feux de salve, en procédant graduellement, dans la zone d'action de chaque colonne, à l'enlèvement des nombreux postes et défenses accessoires signalés comme couvrant tout le terrain aux abords de la position.

Cette marche sera toujours éclairée sur le front et les flancs autant que possible par des partisans et les têtes de colonnes composées d'éléments solides qu'une surprise n'ébranlerait pas.

Chaque colonne, dans sa zone d'action, utilisera tous les sentiers de manière à faire déboucher simultanément le plus grand nombre de groupes possible.

A la sonnerie de la charge, précédée du refrain du 9ᵉ de marine, que sonneront les clairons groupés auprès du colonel, le feu d'artillerie cessera.

Il est interdit de se laisser entraîner à une poursuite pleine de dangers; l'ennemi ne sera poursuivi qu'avec des feux de salve.

V. — La 1ʳᵉ colonne a une double mission : 1° interdire autant que possible la retraite vers le sud en donnant la main sur la ligne Cho-Moï—Ban-Tinh à la 2ᵉ colonne; 2° menacer le repaire vers l'ouest.

En raison des difficultés de terrain et de communication avec les colonnes voisines, elle aura, pour accomplir cette dernière mission, la plus large initiative, sans perdre de vue que son rôle essentiel est de faciliter aux colonnes d'attaque l'enlèvement du repaire et qu'elle doit régler son action sur la leur.

VI. — La 4ᵉ colonne occupe Bac-Kan, d'où elle cherchera à se relier, par des reconnaissances, avec les 1ʳᵉ et 3ᵉ colonnes.

VII. — Le colonel commandant se tiendra sur les hauteurs au sud de Phu-Vang entre les 3ᵉ et 2ᵉ colonnes.

Chaque commandant de colonne lui enverra avant l'action six parti-

sans de choix pour porter ses ordres et se tiendra avec lui en communication constante.

VIII. — Chaque colonne organisera ses dépôts de munitions et son
ambulance.

IX. — En raison de la marche convergente des diverses colonnes,
il sera porté une attention particulière à ne pas tirer les uns sur les
autres.

X. — Chaque colonne assurera son ravitaillement de manière à pouvoir vivre sur elle-même jusqu'au 27 inclus.

Dès que le ravitaillement par le Song-Cau pourra se faire, l'ordre en
sera donné.

Na-Ri, le 19 avril 1895.

Le Colonel commandant les colonnes,
GALLIENI.

Enfin le 18, conformément aux ordres du général en chef,
j'adressai à Ba-Ky un dernier ultimatum le mettant en demeure
de rendre la liberté à M. Sabot et de le remettre entre nos mains
à Ban-Tinh avant le 21, faute de quoi nos troupes occuperaient
son repaire.

Marche d'approche de la 1re *colonne. Combat de Déo-Than.* —
Le 19, en quittant Cho-Moï, la colonne occupe le gué de Thac-
Taï que l'ennemi, retranché derrière une palissade évacue sans
résistance, devant les feux de salve.

Elle se porte ensuite sur le défilé de Déo-Than, signalé par les
renseignements comme fortement occupé, sous le commandement du chef Linh-Nguyen. Le commandant Moreau, après avoir
parqué son convoi, divise sa troupe en deux colonnes : celle de
droite, sous son commandement direct, suit la rive gauche pour
aborder la position de front; celle de gauche, sous le commandement du capitaine Chabrol, major de colonne, passe le Song-Cau
et suit la rive droite pour canonner le défilé qui est en corniche
sur le fleuve.

De 1 à 2 heures, la colonne de droite enlève successivement
les deux cols qui forment le défilé et sont vigoureusement défendus; au second, qu'il faut aborder en traversant un ruisseau,
les pirates sont fortement retranchés, et c'est en enlevant une à
une les assises du roc et en détruisant la palissade à coups de
coupe-coupe, sous le feu, qu'on parvient à s'en rendre maître.

Nos pertes dans ce combat ne sont que de trois blessés : un soldat d'infanterie de marine et deux partisans. Deux hommes s'étaient noyés au passage du Song-Cau.

Le 20, la colonne installe au pied du défilé de Déo-Than le magasin prescrit; deux fours sont construits, un poste de protection installé sur l'emplacement du poste pirate enlevé la veille; un groupe s'y établit; le gros de la colonne redescend à Cho-Moï avec tous les coolies pour en ramener quatre jours de vivres pour tout l'ensemble des troupes.

Le 21, les quatre jours de vivres complets sont ramenés à Déo-Than sans incident, de sorte que, dès ce moment, les trois colonnes sont assurées de pouvoir se ravitailler sur place dès la prise du repaire sans recourir à l'arrière.

Affaire de Lung-Than. — Le 22, la 1re colonne commence sa marche d'approche pour occuper les hauteurs sud du repaire et se mettre en mesure de concourir à l'attaque du 24. Après une marche de six heures à travers des rochers et des bois, sans aucun chemin frayé, elle tombe à 11 heures sur le repaire de Lung-Than dont les défenseurs ne s'attendaient à aucune attaque de ce côté. Les factionnaires sont surpris, la première palissade est enlevée, trois pirates sont tués; mais l'ennemi prend une seconde position sur la lisière d'un bois d'où il ouvre un feu violent, et il faut l'artillerie et des feux de salve pour le déloger, sans aucune perte de notre côté.

Cette affaire menée avec beaucoup de hardiesse, sans avoir donné l'éveil, assure à la 1re colonne la possession du débouché du repaire qu'elle commande dès lors et par lequel nul ne peut plus sortir sans passer sous son feu.

Le 23, la 1re colonne reste sur la position conquise la veille, où elle fait venir de Déo-Than son ravitaillement jusqu'au 27.

Marche d'approche de la 2e colonne. — Le 19, le gros de la colonne reste concentré à Ban-Tinh.

Un des groupes d'infanterie occupe Ban-Na depuis le 18.

Trois reconnaissances sont envoyées.

La 1re, sous les ordres du capitaine Rémond sur Lang-Kaï, reconnaît le chemin et les approches de ce repaire; elle emploie toute la journée à se frayer un chemin au coupe-coupe, bivouaque au sommet de la falaise et rentre le lendemain à Ban-Na, après avoir laissé sur place un tirailleur déguisé en nhaqué[1] qui servira de guide dans la journée du 24.

La 2ᵉ, sous les ordres du capitaine Famin, établit la liaison avec la 1ʳᵉ colonne et ramène le sel et le riz nécessaires pour combler les prélèvements faits par la 3ᵉ colonne sur le magasin de Ban-Tinh.

La 3ᵉ, sous les ordres du lieutenant Wanwaetermeulen, major de colonne, reconnaît et prépare le chemin que doit suivre l'artillerie. Grâce au brouillard, cette reconnaissance peut s'avancer jusqu'à Pa-Chié sans être éventée et, pendant treize heures consécutives, débroussaille et pratique des marches dans les rochers à pic.

Le 20, les reconnaissances envoyées la veille continuent pendant toute la journée l'aménagement des accès sur Lung-Kaï et Coué-Lu.

Le 21, la 2ᵉ colonne reste concentrée à Ban-Tinh, Ban-Na, et se relie à la 3ᵉ colonne par une reconnaissance envoyée à Na-Van, sous les ordres du capitaine Payro.

Le 22, la colonne, dont jusqu'ici aucun mouvement n'avait été éventé, dont la présence à Ban-Tinh éveille le moins de soupçons, puisqu'elle n'a fait que renforcer la garnison de ce poste, et qui n'est qu'à une journée de marche du repaire même, reste à Ban-Tinh que le commandant se réserve de ne quitter qu'au dernier moment. Il avance seulement deux de ses groupes; l'un, celui de Ban-Na qui gagne dans la soirée les abords du repaire secondaire de Lung-Kaï, l'autre qui se porte à Na-Ha pour servir le lendemain d'avant-garde.

Le 23, la 2ᵉ colonne quitte ses emplacements à 5 h. 1/2 du matin et n'arrive sur les crêtes du repaire qu'entre 5 et 8 heures du soir, sans avoir été éventée, mais après des difficultés inouïes que tout le monde met le plus grand entrain à surmonter. A la nuit, les trois groupes couronnent les crêtes formant une tenaille dont le sommet est à Hin-Sap, l'artillerie en position au sud-ouest de Ké-Thuong dont elle enfile la vallée; la nuit se passe à

---

[1] Paysan annamite.

débroussailler pour ouvrir des vues tant au feu de l'artillerie qu'aux feux de salve de l'infanterie.

Marche d'approche de la 3ᵉ colonne. — Le 19, le gros de la 3ᵉ colonne se porte de Na-Ri à Na-Tack, éclairé sur sa droite par un groupe établi à Na-Kham avec des postes à Po-Tao et Coué-Gioc. Un second magasin est constitué à Na-Tack où, depuis le 16, deux fours ont été construits, des abris installés, et où tous les coolies de la colonne sont employés, depuis le 18, à transporter les approvisionnements de Na-Ri.

Le 20, le gros de la colonne reste à Na-Tack. Deux groupes sont portés à Ban-Chao qui, bien qu'à 8 kilomètres seulement de Na-Tack, en est séparé par les passages les plus difficiles. La majeure partie du chemin est formée par un arroyo en cascades où, même en cette saison, on a sur plusieurs points de l'eau jusqu'à mi-corps et qui est recouvert d'une végétation inextricable.

Toute la journée se passe à pratiquer des passages où l'artillerie puisse s'engager.

Dans cette journée, un violent ouragan démolit toutes les installations improvisées à Na-Tack et Ban-Tinh, inonde les magasins, enfle les arroyos, arrête pendant toute la journée la marche des convois et rend les travaux des plus pénibles.

Une bande d'une quarantaine de pirates est signalée au sud de Lung-Nhac, entre Na-Tack et Ban-Chao; elle se retire en laissant des observateurs qui ont évidemment éventé la marche de la 3ᵉ colonne.

Le 21, la 3ᵉ colonne se concentre à Ban-Chao. Le groupe d'avant-garde (capitaine Toquenne) prend pied sur le plateau de Taï-Lao. Aucun chemin frayé ne joignant ce point à Ban-Chao, qui en est séparé par un ravin profond, le groupe d'avant-garde emploie la journée et une partie de la nuit du 21 au 22, à préparer le passage de la colonne, au prix d'une fatigue énorme.

Le 22, elle se masse tout entière sur le plateau de Taï-Lao, couverte au sud par un relèvement des crêtes qui la masque entièrement aux vues de Phu-Vang et de Bu-Caï. Je lui donne les ordres les plus stricts pour qu'aucun mouvement, qu'aucune patrouille ne décèle sa présence, et pour que nul ne se laisse entraîner avant la date fixée pour l'action combinée.

Le 23, à la première heure, une reconnaissance, commandée par le lieutenant Muller, se glisse à travers les rochers et les bois au-dessus du col de Phu-Vang pour y surprendre le poste pirate reconnu la veille, mais la marche est éventée et le poste est évacué. A midi, toute la colonne se met en marche pour gagner avant la nuit les positions d'où elle doit le lendemain commencer l'attaque.

Un groupe détaché (capitaine Cazeaux) pousse à l'ouest, vers Na-Puang, qu'il doit occuper le lendemain à la première heure afin de s'établir sur la route directe de Ké-Thuong à Cao-Ky.

Le gros de la colonne se porte en arrière de la crête nord du repaire, sur la ligne Phu-Vang—Bu-Caï ; il se masse, défilé, occupant le poste que des pirates ont évacué le matin et où ils avaient cependant accumulé les défenses, trous de loup, tranchées défensives, petits piquets, ainsi que dans tous les postes de la crête nord évacués de même.

Bien que sans combat, cette marche d'approche qui n'atteint pas 2 kilomètres demande cinq heures. Elle est des plus pénibles ; la chaleur est extrême, et c'est presque à pic qu'il faut faire descendre, puis remonter à l'artillerie, un ravin de 300 mètres.

Marche d'approche de la 4ᵉ colonne. — Le groupe du capitaine Brulard est arrivé à Phu-Tong-Hoa le 15 avril, donnant sa liberté de mouvement au groupe du capitaine Bulleux. Celui-ci, qui s'était établi depuis le 20 à Bo-Ba, se porte le 21, conformément aux ordres, à Bac-Kan, où il s'installe sur le mamelon de Kao-Leu, qu'il choisit comme emplacement provisoire du poste. Il est à peine au bivouac qu'une bande de 50 pirates lui est signalée venant de la direction de Cho-Moï. Elle est dispersée par quelques feux de salve.

En même temps, le ly-thuong de Kéo-Quan fait connaître que le chef A-Phuc détient dans ce village des habitants de la commune de Druong-Khuong, qu'il compte emmener le lendemain à Cho-Chu.

Le 22, le capitaine Bulleux, mettant à profit les renseignements reçus la veille, envoie sur Kéo-Quan une reconnaissance, surprend la bande d'A-Phuc, lui tue plusieurs hommes et la rejette en désordre sur Taï-Van, après avoir délivré 200 habitants thos

avec 60 buffles. Cette affaire produit le résultat immédiat de
nous ramener les habitants de Hoa-Muc encore hésitants, qui
s'offrent comme émissaires et dont deux, arrivant à Taï-Lao
le 23, établissent la liaison de la 4ᵉ colonne avec le colonel commandant.

Le 23, laissant à Bac-Kan le lieutenant Rouy avec 70 fusils et
la pièce d'artillerie, le capitaine Bulleux se porte au sud avec
100 fusils et s'établit à Nam-Kaïn (point de passage signalé par
les indigènes), à cheval sur la route de Bac-Kan à Cho-Moï et la
route de Xéco.

L'ancienne route mandarine que suit le groupe a complètement disparu sous la brousse; il faut se frayer le chemin à coups
de coupe-coupe, et le parcours demande plus de huit heures.

Situation le 23 au soir. — Dans la soirée du 23, toutes les
troupes ont donc été ainsi amenées sans mécompte sur les emplacements qui leur étaient assignés, l'artillerie prête à prendre
ses emplacements à la première heure du 24, la liaison établie
entre les colonnes, sauf entre la 1ʳᵉ et la 2ᵉ qui n'ont pu arriver
à communiquer à travers la zone de terrain impénétrable qui les
sépare, mais qui se donnent la main en arrière par les deux
postes de Ban-Na et Ban-Cap.

Tous les débouchés de retraite vers le sud sont solidement
occupés par une double ligne, tandis que, vers le nord, Nam-
Kaïn et Na-Quang ne sont occupés que par des groupes légers.
La porte reste ainsi semi-ouverte vers le nord, pour se conformer aux instructions supérieures qui ont formellement prescrit
d'éviter les pertes, de ne pas risquer la vie du prisonnier Sabot
dans une affaire désespérée et d'amener les pirates à se retirer
vers le nord, afin de préserver avant tout les régions pacifiées
du sud.

Marchant avec la 3ᵉ colonne, je fais exécuter une dernière
reconnaissance par mon chef d'état-major, le commandant
Lyautey, dont il résulte que :

1° Le repaire n'est pas évacué ;

2° Les groupes légers d'infanterie peuvent seuls atteindre
Chang-Giaï par le nord-est ; l'artillerie a sur la longue croupe
qui s'étend du Bu-Caï à Pa-Cop, une position des plus favorables,
d'où elle peut à la fois canonner directement le repaire, fouiller

les bois du revers sud, puis se prolonger à l'est jusqu'à la sortie du défilé.

A la suite de cette reconnaissance, je donne l'ordre suivant :

Ordre n° 6.

Les indices et renseignements portent à croire que le repaire est toujours occupé. On agira donc avec la plus grande prudence dans la marche en avant des diverses colonnes. D'autres renseignements donnent les pirates comme retranchés dans les hauteurs sud, notamment à Lung-Tan.

I. — Les 2e et 3e colonnes enverront, dès le point du jour, chacune un groupe en reconnaissance offensive sur Chang-Giaï et Ké-Thuong, qu'ils aborderont par l'est et le nord-est. Ils s'assureront d'une manière absolument certaine de la situation. Ces deux groupes se donneront la main, si possible, au fond du repaire et placeront immédiatement un drapeau français sur le repaire s'il est évacué.

II. — Les artilleries des deux colonnes se tiendront prêtes à les appuyer, à préparer l'enlèvement du repaire au cas où il ne pourrait être enlevé par la simple intervention de ces deux groupes, qui en feraient alors informer à temps leurs commandants respectifs de colonne.

III. — Les autres groupes de la 2e colonne et l'artillerie agiront d'après les principes donnés précédemment, en se conformant aux circonstances.

IV. — La 3e colonne enverra, conformément à l'ordre donné, un groupe à Na-Quang; les deux autres groupes et l'artillerie gagnant la crête basse qui sépare Bu-Caï de Chang-Giaï, l'artillerie sera ainsi toute placée, soit pour agir contre Chang-Giaï en cas d'occupation, soit pour battre le revers sud du repaire au cas où les pirates y seraient retirés, soit pour se porter suivant la crête vers la sortie du repaire en cas d'évacuation. Le commandant de la 3e colonne disposera des groupes d'infanterie non employés vers Na-Quang et Chang-Giaï, suivant les circonstances.

V. — Le colonel commandant se tiendra avec l'artillerie de la 3e colonne.

VI. — Le point de direction commun des trois colonnes sera Pa-Cop où le ralliement se fera à la fin de la journée et où le colonel commandant donnera de nouveaux ordres.

Le 23 avril 1895.

Le Colonel commandant les colonnes,
GALLIENI.

Prise de Ké-Thuong. — Le 24, dès 4 heures du matin, avant le jour, dans les trois colonnes les groupes s'ébranlent.

Le mouvement général est rigoureusement conforme aux ordres donnés, la 1ʳᵉ colonne se bornant à un rôle démonstratif, les 2ᵉ et 3ᵉ se chargeant de l'attaque.

Les deux groupes légers de la 2ᵉ et de la 3ᵉ colonnes désignés pour la reconnaissance offensive rompent les premiers. Chacun d'eux met de trois à quatre heures à se laisser couler sur Chang-Giaï, celui de la 3ᵉ colonne (capitaine Granet, lieutenants Abel et Cloarec) par le nord, celui de la 2ᵉ colonne (capitaine Rémond, lieutenant Banal) par le sud.

Cette descente de 500 mètres où il faut plusieurs fois se laisser glisser le long de parois à pic est des plus dangereuses et des plus pénibles.

A 6 heures, l'artillerie de la 2ᵉ colonne ouvre le feu, enfilant le repaire de l'est à l'ouest. Elle est soutenue par le groupe du capitaine Famin, qui gagne en avant d'elle un palier, d'où il pourra l'appuyer par ses feux de salve, tandis qu'à droite le groupe Baudelon, retardé par des difficultés de terrain inextricables, n'interviendra pas dans la première partie de l'action.

A 6 h. 45, l'artillerie de la 3ᵉ colonne, soutenue par le groupe du capitaine Deniel, avec lequel je marche, ainsi que le commandant de la 3ᵉ colonne, a pris position au nord-ouest de Chang-Giaï ; elle a là un champ de tir parfait et des vues complètes sur le repaire qu'elle enfile par le nord-ouest ; elle croise ses feux avec ceux de la 2ᵉ colonne. Le groupe du capitaine Toquenne s'étend vers Bu-Caï pour se relier au groupe du capitaine Cazeaux, détaché depuis la veille sur Na-Quang.

Rien avant l'ouverture du feu n'a décelé notre attaque ; aussi, les premiers obus qui tombent dans la redoute annamite, dans les forts de Dé-Tham et de Dé-Nguyen et sur la maison de Ba-Ky y jettent-ils le plus complet désarroi. On voit distinctement les pirates en grand nombre courir aux armes, plusieurs tomber. Abandonnant les ouvrages de la gorge, ils se concentrent dans la redoute d'où ils tirent sur les groupes de reconnaissance. A ce moment, 6 heures 1/2, la reconnaissance de la 2ᵉ colonne est à une portée de 800 mètres sur la crête sud. Celle de la 3ᵉ colonne sur un palier de rochers à moins de 300 mètres au nord, très en vue, reçoit de nombreux coups de fusil qui n'atteignent personne et elle peut diriger des feux de salve à excellente portée en plein dans la redoute. Les pirates commencent à fuir, une partie dans le massif sud, le plus difficile et le plus impénétrable, dont ils connaissent tous les détours; l'artillerie et les fusils de la 3ᵉ colonne, en allongeant leur tir, les y poursuivent. Le gros des pirates s'enfuit par l'est, le long de l'arroyo, dont le lit rocheux et resserré les défile absolument aux vues et par Pa-Cop, gagnent la direction de Cao-Ky en recevant quelques coups de canon de la 1ʳᵉ colonne.

Les obus ont mis le feu aux maisons et à la redoute où une cinquantaine de défenseurs sont restés jusqu'au dernier moment et cherchent à enlever leurs drapeaux qu'ils abandonnent à l'arrivée des deux reconnaissances. Celles-ci pénétrent simultanément dans le repaire à 8 heures.

J'avais indiqué le ralliement à la pagode de Pa-Cop. Moi-même, avec le gros de la 3ᵉ colonne je m'y trouve à 10 heures. Les groupes de reconnaissance me rejoignent à 11 heures, après avoir descendu la gorge par les villages de Na-Tham, Na-Kéo, Na-Chau, dont les cases sont incendiées et d'où partent quelques coups de fusil. A ce moment, le feu de la 2ᵉ colonne reprend sur les groupes de fuyards qui se sont ralliés dans le repaire, au moment où elle débouche descendant des crêtes de l'est; deux pirates sont pris.

Pendant l'action, la 1ʳᵉ colonne s'est bornée à canonner les fuyards dans la direction de Pa-Cop. Ses groupes d'infanterie ont en vain cherché à se relier à la gauche de la 2ᵉ colonne ; les obstacles du terrain, précipices et brousse, sont absolus. Ce n'est qu'à 4 heures du soir que la 1ʳᵉ colonne parvient à faire descendre à Pa-Cop un détachement qui se relie à la 3ᵉ et à la nuit seulement qu'elle se relie à la 2ᵉ.

Suivant leur coutume, les pirates ont emporté les cadavres, tant dans les bois du sud où l'on en retrouve six les jours suivants, que sur Cao-Ky où les indigènes de Dong-Pho et de Hoa-Muc les voient passer. Les renseignements qu'ils donnent à ce sujet dans les journées du 26 et du 27 sont manifestement exagérés; mais, en s'en remettant au témoignage des pirates pris aux affaires suivantes, on doit évaluer à plus de 50 le nombre des morts, frappés pour la plupart par l'artillerie à qui ses positions avantageuses ont permis de repérer très rapidement son tir.

L'affaire terminée, sans pertes de notre côté, démontre, une fois de plus, que quelque formidables que soient leurs positions, les pirates tiennent bien rarement devant des attaques concentriques et ne résistent pas à l'artillerie qui les terrorise. Quelles que soient donc en principe les difficultés qu'il y ait dans ce pays à combiner des mouvements convergents et à pratiquer des passages à l'artillerie, on peut-être assuré qu'elles seront toujours amplement compensées par le résultat et surtout par l'absence des pertes.

A 3 heures, je porte mon bivouac vers le Song-Cau, à un gué situé à 800 mètres en amont du débouché du repaire, couvert par le groupe du capitaine Cazeaux de la 3e colonne qui prend pied sur la rive droite. Je reçois les premiers rapports des commandants des 1re et 2e colonnes qui rendent compte qu'il leur faudra toute la matinée du lendemain pour dégager leurs troupes et spécialement leur artillerie, des falaises où elles sont engagées.

Du reste, la chaleur est très grande ; les troupes, si elles n'ont pas subi de pertes, ont fourni un effort physique extrême et les convois ont été laissés en arrière, à Taï-Lao pour la 3e colonne, à Ban-Tinh pour la 2e. Je décide donc que la journée du 25 sera consacrée à concentrer les deux premières colonnes sur le Song-Cau, au débouché du repaire ; la 1re sur la rive droite, la 2e sur la rive gauche ; à procéder au ravitaillement général et au ralliement des convois. La 3e colonne restera au repos à Pa-Cop.

VIII.

DE KÉ-THUONG A BAC-KAN.

Journée du 25. — Organisation du territoire occupé. — Aussitôt Ké-Thuong occupé et le Song-Cau atteint, il est, dès le 25, procédé à l'organisation immédiate du territoire occupé.

Un télégramme du général en chef, parvenu le 25 au matin, fait connaître que le gouverneur général a décidé la cession à l'autorité militaire du poste de Cho-Moï jusqu'à la pacification complète de la région du Song-Cau. Cette cession sans laquelle la région de Na-Ri et la vallée du Song-Cau, séparées par le massif de Ké-Thuong, eussent été sans aucune communication, permet de régler rapidement la nouvelle organisation.

En conséquence, le commandant du cercle de Pho-Binh-Gia, chef actuel de la 2e colonne, reçoit l'ordre de transporter, jusqu'à nouvel ordre, le centre de ses services à Cho-Moï, de faire immédiatement occuper par ses troupes le poste de Cho-Moï, ainsi que les postes du Song-Cau en aval de Déo-Than. Il prendra en même temps ses dispositions pour faire occuper en amont de Déo-Than, au fur et à mesure de la marche au nord des colonnes, les points nécessaires pour tenir solidement la ligne du Song-Cau et protéger efficacement la population des nouveaux cantons.

En exécution de cet ordre, les postes suivants sont établis :

A Ké-Thuong, *une section de la 7e compagnie du 3e tirailleurs tonkinois;*

A Lang-Hitt, *une section de la 9e compagnie du 3e tirailleurs tonkinois ;*

A Van-Lang, *une section de la 8e compagnie, et demi-section de la 9e compagnie du 3e tirailleurs tonkinois;*

A Nhi-Co, *une demi-section de la 9e compagnie du 3e tirailleurs tonkinois ;*

A Cho-Moï, *une section de la 8e compagnie du 3e tirailleurs tonkinois ;*

A Déo-Than, *une section de la 9e compagnie du 3e tirailleurs tonkinois.*

Le groupe Famin a mission de fournir les postes entre Déo-Than et Bac-Kan et aura son centre vers Cao-Ky.

La frontière du cercle de Pho-Binh-Gia étant ainsi reportée à l'est, les 3 pièces d'artillerie du cercle, antérieurement à Van-Linh, Ban-Tinh et Phu-Tong-Hoa, seront établies à Cho-Moï, Cao-Ky et Bac-Kan, le lieutenant d'artillerie au centre, à Cao-Ky.

Toutes les colonnes ayant reçu l'ordre, pour s'alléger, de ne conserver que 20 coups par pièce et les cartouches du sac, laissent à Déo-Than le reste de leurs munitions, qui constituera l'approvisionnement des nouveaux postes.

Ces mesures prises, la 2e colonne se trouve réduite au groupe du capitaine Baudelon, qui participera seul à la marche des colonnes vers le nord.

Reconstitution des services de l'arrière. — Les colonnes, ali-
gnées déjà en vivres jusqu'au 27, se ravitaillent sur le magasin
de Déo-Than jusqu'au 29 pour compléter leurs quatre jours de
vivres ; elles réduisent strictement leurs coolies au nombre nécessaire au transport de ces quatre jours. Tout le reste, ainsi que
ceux restés disponibles par l'allégement des munitions, est envoyé
à Déo-Than où se constitue dans la journée un fort envoi destiné à remonter le Song-Cau derrière les colonnes, à approvi-
sionner les postes sur son parcours et à commencer le ravitaillement de Bac-Kan. En même temps, 300 coolies de Thaï-Nguyen
et un va-et-vient de sampans ne cessent d'assurer la montée à
Déo-Than des approvisionnements de Cho-Moï. Le four de campagne est installé à Déo-Than. Ce magasin fonctionne avec
autant d'activité que d'ordre. Tout ce service de ravitaillement
s'exécute de la manière la plus satisfaisante.

Le médecin-major Depied prend la direction de l'hôpital de
campagne de Cho-Moï.

Situation des bandes pirates. — Ordres pour la poursuite. —
Cependant, les renseignements ne cessent d'affluer, s'accordant
tous à signaler le désarroi complet dans lequel les derniers événements ont jeté les bandes. Avec la rapidité que mettent à se
propager les nouvelles indigènes, les habitants ont appris coup
sur coup l'enlèvement du repaire de Ké-Thuong où depuis tant
d'années Ba-Ky se regardait comme inattaquable, l'affaire de
Lung-Kett, l'évacuation du Déo-Jan, du Phia-Biock, la retraite
de Luong-Van-Son et le débouché simultané, par les points les
plus inattendus, des colonnes françaises dont la rumeur publique
exagère encore le nombre.

Les habitants dispersés dans les bois reviennent en grand
nombre. D'après leurs dires, confirmés plus tard, Dé-Nguyen a
eu, à Ké-Thuong, le bras fracassé par un obus, et les pirates y ont
perdu plus de 50 hommes. Dans la matinée, du reste, les partisans battant les rochers y ont encore retrouvé six cadavres et
ramènent deux prisonniers.

Dans la journée, les émissaires envoyés de la 4ᵉ colonne par
le capitaine Bulleux, apportent des renseignements importants :

M. Sabot, évacué l'avant-veille de Ké-Thuong, est gardé par
80 fusils à Lung-Pan, au nord de Cao-Ky.

Une forte bande chinoise occupe Cao-Ky où se trouve la mère de Ba-Ky.

Ba-Ky lui-même et sa femme sont à Long-Luong, près de Lung-Pan.

Le capitaine Bulleux s'est porté à Hoa-Muc où il est placé entre les deux groupes ennemis ; il a poussé sur la route de Taï-Van un détachement qui menace la retraite de Ba-Ky. Le capitaine Brulard est venu l'appuyer.

Il n'y a pas à hésiter. Je comptais laisser reposer les troupes le 26, — la journée du 25, employée à rallier les détachements et à ravitailler, ayant encore été très fatigante, — mais devant ces renseignements la poursuite s'impose. J'envoie donc le groupe du capitaine Cazeaux, que j'ai sous la main, bivouaquer aussi près que possible de Cao-Ky, afin d'être en mesure de combiner, dès l'aube, son action avec le capitaine Bulleux. Je fais venir dans la nuit à mon bivouac les deux groupes les moins fatigués : Baudelon de la 2ᵉ colonne, Deniel de la 3ᵉ, avec lesquels je partirai moi-même à 4 heures du matin. Le gros de la 3ᵉ colonne quittera Pa-Cop au jour pour appuyer le mouvement par la vallée du Song-Cau, tandis qu'un de ses groupes (capitaine Granet) flanquera la droite par Taï-Lao.

Le capitaine Bulleux est informé par émissaires de ces dispositions.

La 1ʳᵉ colonne, qui doit assurer le service de l'arrière, et le commandant de la 2ᵉ colonne, qui doit achever l'organisation de ses postes, ne rompront que le 26.

Pendant la nuit, un orage violent inonde tous les bivouacs, fait monter le Song-Cau d'un mètre et rend la marche extrêmement pénible. Ce n'est qu'en faisant la chaîne contre le courant, avec de l'eau à mi-corps que les troupes franchissent les deux gués du Song-Cau et les deux arroyos qu'il reçoit entre Déo-Than et Cao-Ky.

Journée du 26. — *Affaires de Cao-Ky et de Hoa-Muc.* — A 7 heures du matin, après avoir rallié le capitaine Cazeaux au passage, au moment où je débouchai dans la clairière de Cao-Ky avec trois groupes, je suis accueilli par une décharge des pirates embusqués à la lisière des bois, derrière un arroyo, affluent de gauche du Song-Cau.

C'est l'arrière-garde de Ba-Ky, commandée par Linh-Nguyen, celui même qui a enlevé M. Sabot et défendu Lung-Than. Le capitaine Cazeaux l'attaque de front, le capitaine Baudelon par l'est, en pénétrant dans les bois ; la bande est rapidement dispersée, abandonne un petit fortin palissadé et se divise en deux tronçons : l'un, par l'est, cherche à gagner Taï-Lao, mais il tombe dans la journée sur le groupe Granet qui le reçoit à coups de fusil ; l'autre, par le nord, tombe dans la clairière de Hoa-Muc sur le capitaine Bulleux qui l'accueille presque à bout portant par une décharge de 40 fusils Lebel. Arrêtés de front, poussés dans les reins, les pirates se jettent dans les rochers et dans les bois en perdant 25 des leurs, parmi lesquels leur chef Linh-Nguyen, qui est décapité et sur lequel on saisit un fusil Lebel et 26 cartouches. Les fuyards viennent tomber dans le détachement posté sur la route de Taï-Van qui les reçoit à coups de fusil.

Je rejoins le groupe Bulleux à Hoa-Muc ; malheureusement Ba-Ky, emmenant le télégraphiste Sabot, qui, ainsi qu'on l'a su plus tard, était resté bâillonné et caché à quelques centaines de mètres de nos troupes, a pu s'échapper à l'ouest du massif de Lung-Pan. Mais nos émissaires sont sur ses traces, s'attachent à ses pas et ne le quitteront plus.

Le lieutenant-colonel Clamorgan, avec le gros de sa colonne, arrivant à Hoa-Muc à 1 heure, reçoit immédiatement l'ordre suivant :

ORDRE N° 13.

I. — Le lieutenant-colonel Clamorgan quittera Hoa-Muc à 1 heure, avec les groupes Bulleux, Cazeaux et Deniel, pour aller chasser de Taï-Van la bande de Ba-Ky qui s'y est réfugiée, après avoir été refoulée ce matin de Hoa-Muc.

Ces groupes n'emmèneront pas leurs convois, qui resteront à Hoa-Muc, et partiront avec l'artillerie demain matin pour Bac-Kan, en même temps que le colonel commandant. Le lieutenant-colonel Clamorgan se contentera d'assurer la subsistance de ces groupes pour aujourd'hui et demain.

II. — Il rejoindra Bac-Kan dans la journée de demain.

III. — Il est expressément défendu au commandant de la colonne de dépasser, sous aucun prétexte, la limite du canton de Nuong-Ha qui touche à la commune de Taï-Van.

De même, il devra tenir compte des recommandations de M. le général commandant en chef, et éviter d'attaquer de front les positions, ce qui pourrait entraîner des pertes, qu'il y a lieu d'éviter. Il devra également veiller à épargner, autant que possible, aux hommes des fatigues excessives, en raison de l'avancement de la saison.

IV. — Le lieutenant-colonel ·Clamorgan enverra des renseignements ce soir au colonel commandant, qui quittera Hoa-Muc demain matin pour se rendre à Bac-Kan.

Hoa-Muc, le 29 avril 1895 (midi 30).

Le Colonel commandant les colonnes,
GALLIENI.

Après quatre heures d'une marche des plus dures, à travers la brousse et des cols rocheux, le lieutenant-colonel atteint de nouveau l'arrière-garde de Ba-Ky, qui lui est signalée par les habitants accourus et qui est rejetée dans les bois, abandonnant du riz, du menu butin et plusieurs fusils 1874.

La poursuite s'arrête malheureusement à la limite du canton de Nuong-Ha, pour ne pas pénétrer sur le territoire de Luong-Tam-Ky.

Dans la soirée, le ly-thuong de la commune de Cao-Ky vient, accompagné de ses notables, à la pagode de Hao-Muc, apporter son concours au colonel, demander l'établissement d'un poste qui permette aux habitants de reconstituer leurs rizières, et confirmer les renseignements sur la présence voisine de M. Sabot et sur la désorganisation des bandes.

Arrivée à Bac-Kan. — Le 27 avril, j'arrivais à Bac-Kan avec la 3ᵉ colonne, les groupes Bulleux et Brulard. Le gros de la 3ᵉ colonne et moi y étions arrivés par l'ancienne route mandarine; le groupe Brulard par le chemin de montagne de Hoa-Muc—Coc-Nhon. La colonne volante du lieutenant-colonel Clamorgan par la route Kéo-Quan—Taï-Van.

Le 28, la 1ʳᵉ colonne, le commandant Gérard avec son escorte et les premiers convois de Cho-Moï arrivent également à Bac-Kan. La colonne Vallière y est encore; plus de 3,000 fusils sont concentrés dans cette plaine magnifique. Les 2,000 habitants qui, depuis quatre mois, fuyant la domination des chefs chinois, étaient venus avec 300 buffles se réfugier à Bo-Ba, sous

notre protection, ont porté leur campement à Bac-Kan et vont former la base de population qui rendra à la culture ces superbes
rizières abandonnées, et reconstituera les villages du haut Song-
Cau, à l'abri de nos postes.

C'est à ce moment où toutes les troupes sont encore concentrées que je reçois le témoignage de la satisfaction du gouverneur général et du général en chef, que je porte à la connaissance des troupes par l'ordre n° 16.

ORDRE N° 16.

Le colonel commandant a reçu du général en chef l'ordre général
suivant :

« Le général commandant en chef porte à la connaissance des
troupes de l'Indo-Chine et, en particulier, de celles qui ont pris part à
l'occupation du territoire de Ba-Ky, la lettre suivante qu'il a reçue de
M. le gouverneur général de l'Indo-Chine :

« Hanoï, le 26 avril 1895.
» Mon cher Général,

« Je n'ai pas besoin de vous dire l'impatience avec laquelle j'attendais
le télégramme que vous m'avez communiqué ce matin et la satisfaction
que j'ai éprouvée en constatant que votre programme d'opération militaire s'était réalisé de point en point dans les meilleures conditions. Je
vous en félicite bien sincèrement et je vous prie d'en féliciter de ma part
M. le colonel Gallieni, ainsi que les officiers et les troupes placées sous
ses ordres.

ROUSSEAU.

« Le général en chef joint ses félicitations à celles du chef de la
colonie. »

DUCHEMIN.

En transmettant aux troupes qu'il commande cet ordre général, qui
leur apporte dès maintenant la récompense de leurs efforts, le colonel
commandant leur adresse ses remerciements personnels.

C'est grâce à la bonne volonté de tous, officiers, sous-officiers et soldats de tous les corps, de toutes les armes et de tous les services, à
l'initiative des chefs, à l'entrain de la troupe, à l'endurance dont chacun
a fait preuve malgré les difficultés particulières du terrain et de la saison,
que le colonel a pu mener à bien la lourde mission qui lui avait été
confiée.

L'intervention rapide et décisive du lieutenant-colonel Vallière et des troupes du cercle de Cao-Bang, en face d'une situation imprévue et menaçante, a laissé aux colonnes du sud toute liberté de manœuvre.

Le colonel commandant adresse à tous ses félicitations et, en première ligne, à MM. les commandants de colonnes qui, séparés les uns des autres par les terrains les plus difficiles, ont su amener simultanément leurs troupes avec une précision remarquable contre l'objectif. Il tient à témoigner sa satisfaction spéciale aux médecins, grâce auxquels, malgré la saison, l'état sanitaire est resté satisfaisant, au capitaine de ravitaillement, aux commissaires du service administratif et aux officiers d'approvisionnement qui ont su faire face en temps utile à tous les besoins.

Le 26 avril 1895.

Le Colonel commandant les colonnes,

GALLIENI.

Quelques jours après, je recevais coup sur coup, du capitaine Bulleux, deux émissaires annonçant : l'un, que le capitaine était sur la piste immédiate de M. Sabot et qu'il cherchait à le délivrer; l'autre, qu'il y avait réussi. Ce succès qui réjouit tous les cœurs fut porté à la connaissance des troupes par l'ordre n° 21.

ORDRE N° 21.

Le colonel commandant est heureux de porter à la connaissance des troupes la nouvelle de la délivrance de M. Sabot, employé des télégraphes. M. le capitaine Bulleux a réussi à le faire enlever, le 30 avril, à Lang-Luong, aux pirates qui le tenaient captif et à capturer quatre d'entre eux.

Le colonel a adressé au capitaine Bulleux les plus chaleureuses félicitations. Il les adresse à tous, officiers, sous-officiers et soldats dont la vigueur et l'entrain depuis un mois ont préparé ce résultat.

Ils trouvent aujourd'hui dans la délivrance de notre compatriote la meilleure récompense de leurs fatigues.

Cho-Don, le 2 mai 1895.

Le Colonel commandant les colonnes,

GALLIENI.

IX.

NÉCESSITÉ D'UN MOUVEMENT VERS L'OUEST. FIN DES OPÉRATIONS.

Le 26 avril, deux télégrammes successifs du général en chef me prescrivaient de compléter les résultats déjà acquis en s'établissant fortement dans le canton de Dong-Vien, notamment sur le cours du Song-Dong-Vien, et de hâter le plus possible l'occupation de la ligne Bac-Kan—Cho-Don—Yen-Tinh, afin d'isoler les pirates de la région de Cho-Chu des pirates de la région du nord et de relier les 2e et 3e territoires.

Nulle instruction ne pouvait arriver plus à propos. Tous les renseignements venaient, en effet, confirmer le désarroi des bandes : les partisans qui fouillaient le massif de Lung-Pan depuis trois jours, rapportaient à Bac-Kan, le 29, quatre nouvelles têtes. Le colonel commandant le 3e territoire télégraphiait, le 27, que, d'après les renseignements indigènes, les blessés de Ké-Thuong et de Cao-Ky étaient rapportés à Dong-Loï et Cao-Pa. C'est également à Cao-Pa que semblaient s'être rassemblés la plupart des fuyards en territoire de Luong-Tam-Ky. Mais celui-ci, parfaitement conscient du rôle qu'il avait joué et convaincu, paraît-il, que les colonnes allaient converger sur Cho-Chu, ne cherchait qu'à dégager sa responsabilité. Il avait déjà M. Carrère sur son territoire, il ne tenait pas à se compromettre davantage en y recevant M. Sabot et l'on assurait également qu'il cherchait à en écarter Ba-Ky. Les bandes traquées chercheraient par conséquent des issues vers le nord. Puisqu'on ne pouvait les poursuivre chez Luong-Tam-Ky, il n'y avait qu'un moyen de leur infliger de nouvelles pertes et peut-être de délivrer notre compatriote, M. Carrère, c'était, après avoir jalonné de postes le Song-Cau, de se porter brusquement à l'ouest pour y intercepter tous les débouchés par lesquels les pirates de la région de Cho-Chu avaient coutume de communiquer avec la région d'A-Coc-Thuong.

Dans ces conditions, j'estimais qu'il y avait lieu d'abord d'assurer l'unité d'action dans ces régions, et je proposais au général en chef certaines modifications dans les circonscriptions territoriales de façon :

1° A dégager le cercle de Pho-Binh-Gia de toute préoccupation sur le revers nord du Déo-Jan, en donnant Mo-Xat à Cao-Bang;

2° A mettre sous un seul chef la voie de communication entre le Song-Cau et le Song-Gam, en distrayant la commune de Yen-Tinh du cercle de Cao-Bang pour la donner au cercle de Pho-Binh-Gia.

En second lieu, j'arrêtais avec le commandant Gérard qu'une ligne de postes définitifs seraient établie à Cao-Ky, Bac-Kan, Cho-Don, Yen-Tinh, reliés par des postes intermédiaires à déterminer et couverts par une avant-ligne observant Luong-Tam-Ky vers Cui-Na et Taï-Van.

A cet effet, les compagnies Yanez (11° du 9° de marine) et Deniel (8° du 3° tirailleurs tonkinois) étaient retirées du cercle de Lang-Son et attribuées au cercle de Pho-Binh-Gia pour aller créer les nouveaux postes de Cho-Don et de Yen-Tinh.

Ces mesures prises, je prononce la dislocation des colonnes à la date du 28 avril.

Les troupes du cercle de Cao-Bang et du cercle de Lang-Son quittent Bac-Kan le 28 et le 29 pour rejoindre leurs garnisons, les premières par Phu-Tong-Hoa—Ngan-Son, les secondes par Phu-Tong-Hoa—Vu-Monh—Yen-Lac—That-Khé.

Les troupes du cercle de Pho-Binh-Gia se trouvent disloquées par l'occupation successive des postes.

La 1re colonne reste constituée pour procéder à l'ouverture de la voie de Bac-Kan au Song-Gam, où les mouvements pirates signalés obligent à se montrer en force. De Yen-Tinh, elle ralliera sur Chiem-Hoa et Tuyen-Quang ses garnisons du Delta.

En conséquence les ordres suivants furent donnés :

ORDRE N° 17.

I. — Les colonnes du haut Song-Cau seront disloquées à la date du 28 avril.

II. — La 1re colonne recevra un ordre particulier pour son retour dans ses garnisons.

Les troupes de la 2° colonne, augmentées de la 11° compagnie du 9° de marine et de la 8° compagnie du 3° tonkinois, recevront leur destination du commandement du cercle de Pho-Binh-Gia, soit pour leur retour dans les postes du cercle, soit pour l'occupation des cantons cédés au 2ᵉ territoire.

IV. — La 3ᵉ colonne, diminuée de la 11ᵉ compagnie du 9ᵉ de marine et de la 8ᵉ compagnie du 3ᵉ tonkinois, augmentée, en revanche, du détachement de tirailleurs qui fait partie du groupe Rogerie, partira, le 29, pour Lang-Son, par l'itinéraire Phu-Tong-Hoa—Vu-Monh—Kim-Hi—Yen-Lac—That-Khé.

V. — Le groupe Bulleux, de la 4ᵉ colonne, sera remis aux ordres du commandant du cercle de Pho-Binh-Gia. Le groupe Brulard, de la même colonne, aux ordres du commandant du cercle de Cao-Bang.

VI. — Les troupes du cercle de Cao-Bang recevront leur destination du commandant du cercle de Cao-Bang.

VII. — Le détachement de la légion, commandé par le capitaine Rogerie, recevra ultérieurement des ordres pour sa destination.

VIII. — Les munitions d'artillerie, sauf dix coups par pièce, et les munitions d'infanterie, sauf six paquets de cartouches par homme, seront laissées à Bac-Kan.

IX. — Chaque unité s'approvisionnera en vivres en raison de la durée de sa marche et des ressources qu'il doit trouver sur son parcours.

X. — Chaque unité n'emmènera que les coolies strictement nécessaires. Chaque commandant de colonne veillera avec le plus grand soin à ce que tous les coolies soient exactement payés jusqu'à leur rentrée et, s'il s'agit de coolies du Delta à renvoyer de Lang-Son, à ce qu'ils soient régulièrement embarqués en chemin de fer et remis à Phu-Lang-Thuong à la disposition du résident.

La 3ᵉ colonne laissera ses coolies annamites à Bac-Kan.

Le commandant du cercle de Pho-Binh-Gia disposera, parmi les coolies laissés à Bac-Kan, de tout ce qu'il jugera nécessaire pour le ravitaillement le plus rapide de ses postes. Les coolies restant, et en premier lieu les 225 coolies d'Hanoï, seront licenciés et très exactement réglés par M. le commissaire des services administratifs.

Bac-Kan, le 27 avril 1895.

Le Colonel commandant les colonnes,

GALLIENI.

Ordre Nº 18.

I. — En exécution des ordres du général en chef, il sera procédé à l'occupation solide du canton de Dong-Vien et aux opérations nécessaires pour isoler au nord les bandes qui se sont réfugiées sur le territoire de Luong-Tam-Ky.

II. — Cette double mission sera remplie par deux colonnes constituées : l'une, par la 1ʳᵉ colonne du haut Song-Cau, commandée par le
commandant Moreau ; l'autre, par les troupes disponibles du cercle de
Pho-Binh-Gia, commandée par le commandant Gérard, sous le commandement supérieur du colonel commandant le 2ᵉ territoire militaire.

III. — Les deux colonnes ont, comme premier objectif, Cho-Don ;
comme deuxième objectif, Yen-Tinh. La colonne Gérard assurera à
mesure de sa marche l'occupation des points où doivent être établis les
postes défensifs du canton de Dong-Vien et s'arrêtera à Yen-Tinh.
La colonne Moreau continuera sa marche jusqu'au Song-Cau qu'elle
atteindra à Daï-Thi, d'où elle regagnera le Delta par Chiem-Hoa.

IV. — La colonne Gérard quittera Bac-Kan, dans la soirée du 29, et
réglera sa marche de manière à précéder la colonne Moreau d'une demi-
journée de marche jusqu'à Cho-Don où elle l'attendra.

V. — La colonne Moreau quittera Bac-Kan le 30 avril ; la tête du
gros rompra à 5 heures du matin.

VI. — Le commandant du cercle de Pho-Binh-Gia laissera à la
colonne Moreau les guides, partisans, émissaires et fonctionnaires locaux
nécessaires pour éclairer et guider sa marche par le même itinéraire
qu'il aura suivi. Ces indigènes seront réunis et amenés, ce soir à
3 heures, au campement du colonel commandant où ils resteront pour
la nuit. Le commandant Gérard transmettra pendant la route à la
colonne Moreau tous les renseignements nécessaires et lui enverra au
besoin de nouveaux guides.

VII. — Le colonel commandant marchera avec la colonne Moreau.

VIII. — Les munitions seront constituées à 20 coups par pièce, aux
cartouches du sac pour l'infanterie.

IX. — La colonne Moreau emportera sept jours de vivres.
La colonne Gérard emportera les vivres nécessaires pour la marche
de chacun de ses groupes, et, en surplus, un premier approvisionnement
de huit jours à laisser à chacun des nouveaux postes.

X. — Jusqu'à Cho-Don inclus, les évacuations se feront sur Bac-Kan
et à partir de Cho-Don par le Song-Gam sur Tuyen-Quang.

Le 29 avril 1895.

Le Colonel commandant les colonnes,

GALLIENI.

Je n'insisterai pas sur les détails de cette marche de Bac-Kan
à Daï-Thi ; elle demanda six fortes journées, très pénibles, en
raison des difficultés du terrain et de la nécessité de débrous-

sailler constamment le chemin à frayer ou de suivre le lit rocheux des arroyos.

Le programme du général commandant en chef fut résolu de point en point, et, à la clôture des opérations, les trois cantons de Nung-Ha, Nung-Thuong et Dong-Vien étaient reconquis sur les bandes et occupés par nos postes ; la liaison avec le 3e territoire était établie.

X.

CONCLUSIONS.

L'établissement des postes militaires du haut Song-Cau, la constitution de la ligne militaire Bac-Kan—Yen-Tinh, l'armement des villages et la liaison établie par une forte colonne entre les 2e et 3e territoires ont amené des résultats immédiats.

Les bandes désorganisées, prises dans les mailles d'un filet, viennent donner dans tous nos postes :

a) Le 6 mai, deux jours après le passage de la colonne à Yen-Tinh, une bande de 200 Chinois, comprenant 80 fusils à tir rapide et commandée par un frère de Luong-Tam-Ky, Tran-Duc-Chang, cherche à se frayer un passage vers le nord. Le capitaine Deniel, à la tête du nouveau poste de Yen-Tinh, l'attaque, prend deux hommes, un fusil, des cartouches, cinq drapeaux, du riz, et la rejette au sud ;

b) Le 10 mai, les troupes du nouveau poste de Cao-Ky s'emparent de la mère de Ba-Ky, font deux Chinois prisonniers et prennent un fusil Remington ;

c) Le 12 mai, une embuscade du poste nouveau de Déo-Than, sur le sentier de Taï-Van, tue deux Chinois et prend un fusil Remington ;

d) Le 15 mai, une reconnaissance du poste de Cho-Moï rejette dans les bois une petite bande qui cherchait à gagner le sud et lui tue deux hommes ;

e) Le même jour, près de Cao-Ky, une reconnaissance prend un Chinois qui est reconnu par M. Sabot pour un de ceux qui le détenaient, et un fusil 1874 ;

f) Le 18 mai, Kou-No, lieutenant de Ba-Ky, qui levait habituellement pour lui des contributions entre Van-Lang et Cuc-Duong, vient à Cho-Moï se rendre à discrétion en apportant dix fusils;

g) Le 20, le lieutenant Banal, avec quinze partisans, capture encore, vis-à-vis de Déo-Than, un petit groupe des Chinois de Ba-Ky;

h) Le 23, des partisans de Nung-Thuong, armés depuis trois jours seulement, dans un engagement à Cao-Pa, tuent un frère de Ba-Ky, nommé Phuong-Dang-Khéo et prennent un fusil;

i) Le 26, à Thac-Muc, entre Cho-Chu et Cho-Moï, une embuscade de vingt partisans tue six Chinois et prend trois fusils.

Les pirates sont à bout de forces et de ressources; pour la première fois leurs communications sont coupées et le terrain manque sous leurs pieds. A ce sujet, rien n'est plus significatif que la reddition de Kou-No.

Tout révèle chez eux, désormais privés de leurs centres d'approvisionnements principaux, la lassitude finale, et certainement après Ké-Thuong nous aurions pu tirer un parti plus complet de la situation et très probablement prendre Ba-Ky lui-même et délivrer M. Carrère qui est gardé dans la région de Linh-Dam, si nous ne nous étions pas journellement heurtés à cette barrière toute conventionnelle du territoire de Luong-Tam-Ky, devant laquelle nos poursuites étaient contraintes de s'arrêter, tout comme devant une véritable frontière politique.

Le 15 mai, un télégramme du colonel commandant le 3ᵉ territoire a fait connaître qu'il tenait de deux sources différentes que Luong-Tam-Co, autre nom de Luong-Van-Son, avait été blessé de sept balles (probablement à Coc-Tem) et que les pirates accusent dans les différentes affaires une perte de 370 tués.

Sans accepter ce chiffre, contentons-nous de calculer que les 27 hommes tués à Lung-Kett, que les 20 tués à Ké-Thuong, les 25 tués à Hoa-Muc, les 13 tués dans les engagements ci-dessus donnent déjà le nombre de 85, sans compter ceux qui sont tombés aux assauts de Coc-Tem, à Déo-Than, à Lung-Than. On est donc certainement au-dessous de la vérité en évaluant le total des pirates tués à 120. Il est resté entre nos mains un fusil Lebel et 26 fusils 1874 ou Remington.

Voilà pour le résultat matériel.

Comme résultat moral et politique, la piraterie chinoise, tolérée jusqu'ici dans le Tonkin central, a reçu un coup mortel. La puissance et le prestige de Ba-Ky sont complètement détruits. Déjà, depuis moins d'un mois, commencent à se repeupler les riches plaines que les brigandages de sa bande avaient fait abandonner et qu'il faut avoir parcourues pour se rendre compte de l'état de désolation et de ruine où des régions jadis fertiles et populeuses avaient pu tomber. La ligne de pénétration du Song-Cau est rouverte; le ravitaillement de nos postes, jusqu'ici si difficile, se fera pour la prochaine campagne dans de bonnes conditions.

Quant aux pirates de la région de Cho-Chu, accoutumés à communiquer librement avec la Chine, à en tirer leurs munitions et leurs subsides, soit par Bac-Kan, soit par Yen-Tinh, ils sont désormais enserrés entre les 2e et 3e territoires militaires par une ligne de postes.

La piraterie centrale paraît donc désormais restreinte à deux groupes, séparés l'un de l'autre par notre nouvelle ligne : le groupe du sud, dans la région de Cho-Chu ; le groupe du nord, dans la région de Bao-Lac.

Ainsi divisés, ils ne sont plus bien à craindre, et les événements de la campagne de 1896 ont prouvé que la solution était proche : en moins de trois mois, leurs dernières bandes ont été bousculées, détruites ou rejetées en Chine. La question pirate était réglée.

OPÉRATIONS DANS LE YEN-THE

(Octobre-Décembre 1895)

I.

PRÉLIMINAIRES.

Le Yen-Thé, avec ses forêts impénétrables et sa situation géographique, particulièrement favorable, entre les riches plaines du Delta et les régions montagneuses du Caï-Kinh et du Bao-Day, a toujours été la principale citadelle de la piraterie annamite au Tonkin.

Les chefs ont changé, les bandes se sont renouvelées ; leurs traditions sont restées immuables, et les ennemis que nous avons trouvés là en 1885 avaient la même audace, la même tactique, la même férocité que ceux qui s'y trouvaient dix ans plus tard.

Dès les premiers jours de la conquête, en décembre 1885, le lieutenant-colonel Dugenne y était aux prises avec le vieux Ba-Phuc, puis avec le dé-nam. En 1889, les commandants Dumont et Piquet y pourchassent le Doï-Van. En 1890-1891, trois séries d'opérations, qui nous coûtèrent plus de deux cents hommes tués ou blessés, nous amenèrent à occuper d'abord Nha-Nam, avec le général Godin, puis avec le colonel Frey le célèbre fort d'Hu-Thué, où, avant lui, trois colonnes étaient venues se briser sans résultat ; Hu-Thué était commandé par le dé-tham, qui devient désormais un personnage dans les annales de la piraterie.

Le Yen-Thé, organisé alors en cercle militaire, étroitement surveillé par de nombreux postes judicieusement placés et commandés par des officiers actifs, connut une période de calme, presque de prospérité ; la nécessité de concentrer nos efforts sur la frontière de Chine amena le gouvernement du protectorat à dégarnir le Yen-Thé des troupes qui l'occupaient avec tant de fruits.

Les cantons qui le composaient passèrent donc à l'autorité civile, qui crut s'assurer quelques gages de sécurité en ouvrant des négociations avec les anciens chefs pirates ou rebelles. Il s'ensuivit une période de près de deux ans, indécise, mal définie, sorte de trêve entre les bandes et nous, mais à la faveur de laquelle le dé-tham, reconnu officiellement maître du pays, étendit de plus en plus son influence sur toutes les régions voisines, et tandis que ses bandes mettaient à sac le pays environnant, lui-même, restant de sa personne à Phong-Xuong, sa résidence, affectait de conserver les relations les plus correctes avec les représentants de l'autorité française.

Cependant, le résident de France à Bac-Ninh apprend bientôt que le dé-tham reconstruit, au plus épais de ses forêts, des repaires fortifiés; de telles précautions paraissent suspectes; le résident décide qu'il enlèvera ces forts : il échoue et, malgré son insuccès, entame des pourparlers avec le chef rebelle : le 17 septembre 1894 le dé-tham, libre de ses mouvements, s'empare sur la ligne du chemin de fer d'un otage précieux pour ses négociations, dans la personne de l'un de nos compatriotes qui circulait seul sur la voie; il peut ainsi arracher au protectorat une sorte de traité qui le reconnaissait officiellement encore le maître des quatre cantons de Hu-Tuong, Yen-Thé, Huong-Ki et Muc-Son, c'est-à-dire de tout le haut Yen-Thé.

Le dé-tham aurait pu s'en tenir là; mais il lui était difficile de refuser son concours et sa protection à ses anciens compagnons d'armes dont les instincts de pillage n'étaient pas assouvis par les honneurs que leur chef et ami avait su amasser. Des bandes sortent donc encore du Yen-Thé et vont porter la terreur dans toute la province de Bac-Ninh; de graves incidents émeuvent ainsi l'opinion publique dans le cours de l'année 1895 : au mois d'avril, c'est la bande du Doc-Thu qui vient en plein Bac-Ninh, à 10 heures du soir, tuer deux gendarmes et un douanier; peu après, une autre bande, celle du Linh-Tuc, l'un des principaux lieutenants du dé-tham, brûle le village de Phu-Liem, à peu de distance de Phu-Lang-Tuong et en massacre toute la population; chaque jour, ce sont des villages incendiés, des marchands pillés et mis à mort, des détachements de garde civile attaqués, etc. Si bien que M. le résident de Bac-Ninh, par une lettre du 9 septembre, vient lui-même rendre compte que « les bandes pirates se sont réfugiées chez le dé-tham » que, ainsi que l'a déjà fait ce dernier, « elles sont décidées à enlever quelque Européen pour nous forcer la main », qu'il faut replacer sous l'autorité militaire la partie du Yen-Thé qui avait été remise à l'autorité civile depuis un an, en un mot « prendre toutes les mesures préparatoires en vue d'une action militaire contre le dé-tham ».

Bref, le 4 octobre 1895, M. le gouverneur général prescrivait à M. le général commandant en chef de faire procéder, le 8 du même mois, au matin, à l'occupation des six cantons du haut Yen-Thé : Van-Nham, Huong-Ki, Tyn-Liet, Dao-Quan, Hu-Tuong et Nha-Nam, qui étaient replacés sous l'autorité militaire et rattachés au 2ᵉ territoire.

En même temps, la protection du chemin de fer était placée en entier sous la direction de l'autorité militaire.

Je fis donc relever, dès le 7 octobre, les forces de milice des postes de Bo-Ha et Nha-Nam par de l'infanterie de marine et des tirailleurs et je plaçai ces troupes sous le commandement provisoire du capitaine Grimaud, commandant du cercle de Cho-Phong, le plus proche.

II.

LE PAYS. — L'ADVERSAIRE. — LA TACTIQUE A SUIVRE.

Tous les renseignements relatifs au pays, à l'adversaire et à la tactique à suivre, étaient réunis dans mon ordre nº 22, dont je détache les passages suivants :

1º *Le pays.* — Le pays, dans le triangle Bo-Ha—Nha-Nam—Mo-Trang, se compose de mouvements de terrain peu élevés, mamelons ou croupes, mais recouverts d'une épaisse végétation d'arbres puissants, d'arbustes, de lianes, de hautes herbes, constituant d'inextricables fouillis, à travers lesquels on ne peut pénétrer qu'avec la hache ou le coupe-coupe. Les sommets des mamelons seuls fournissent quelques vues, et encore à courte distance, et après qu'ils ont été débroussaillés et pourvus de miradors élevés, permettant à des observateurs exercés d'examiner la forêt environnante et les indices qu'elle peut recéler : fumée, bruits, etc.

Entre ces mamelons et croupes, sauf quelques étroites clairières défrichées et cultivées, on se trouve en plein bois, sans vues aucunes, sur un terrain souvent semé de fondrières, et que ne parcourent que quelques sentiers ou pistes, dont les habitants du pays connaissent seuls les directions.

Le Song-Soï, qui forme le grand côté du triangle, est encaissé, bordé de rives élevées et très boisées et facilement guéable en de nombreux endroits.

2° L'adversaire et sa tactique de combat. — Les bandes du dé-tham et de ses lieutenants sont à peu près exclusivement composées d'Annamites, habitants du Yen-Thé, en lutte ouverte contre toute autorité depuis de longues années, anciens tirailleurs ou miliciens déserteurs, tous gens braves, aguerris, obéissant parfaitement à leurs chefs, excellant dans la guerre de surprises et de bois, connaissant merveilleusement leur terrain d'opération et sachant en utiliser tous les avantages.

Ils sont armés en général de fusils Gras ou Winchester et possèdent un certain nombre de Lebel. Ils semblent abondamment pourvus de cartouches.

D'après les nombreux renseignements, les linhs du dé-tham seraient vêtus de costumes caki, analogues à ceux de nos tirailleurs avec ceintures à cartouches, salacos et turbans rouges; mais il est à croire que tous ne sont pas uniformément pourvus de ces vêtements. Il est certain que les pirates chercheront, grâce à cette ressemblance de costumes, à nous tromper et à amener des méprises, contre lesquelles il sera bon de se prémunir et de prévenir tout le monde.

Les pirates du Yen-Thé combattent toujours dans les bois, dans les parties les plus fourrées et les plus cachées. Leur tactique semble être toujours la même : nous attirer dans un terrain très couvert et privé de vues dont les abords sont parsemés d'obstacles, à la faveur desquels ils peuvent attendre à l'abri et ne faire usage de leurs armes qu'à très courte distance, mais à coup sûr. Leur tir est toujours repéré à l'avance.

Leurs forts et toutes les positions qu'ils occupent sont précédés d'avant-lignes sur lesquelles ils ne font qu'un semblant de résistance. Le terrain qui sépare ces lignes est toujours battu par les ouvrages en arrière à très courte distance. Enfin, le réduit ou fort principal est le plus souvent enterré et invisible; il n'est garni de ses défenseurs que lorsque la troupe assaillante est arrivée à 30 ou 40 mètres, souvent moins.

Les forts ou ouvrages sont constitués généralement par un parapet en terre et pisé, percés de créneaux permettant les feux étagés sur deux, trois et même quelquefois quatre rangs. Ces parapets sont flanqués ou par de petits bastions, ou à l'aide de caponnières en bambous, le tout étant entouré à distance variable d'une ou plusieurs palissades en bambous. Dans les intervalles, entre les palissades et les parapets et le plus souvent aussi sur le terrain en avant, sont accumulées toutes les défenses accessoires, telles qu'abatis, petits piquets, trous de loup, chevaux de frise, etc. Mais la meilleure de toutes les défenses accessoires est la forêt elle-même.

Contrairement à nos principes de fortification, jamais les pirates du Yen-Thé ne dégagent le terrain en avant, jamais ils ne débroussaillent les abords de leurs ouvrages. Ils considèrent toujours la forêt comme leur meilleure protection, aussi bien à l'intérieur qu'à l'extérieur même de leurs forts. Les palissades sont perdues dans les fourrés et rien ne divulgue leur présence, si l'on n'est immédiatement dessus. Ils réduisent ainsi la portée de leur tir, mais aussi celle du tir de l'adversaire et notamment de son artillerie. Ils forcent surtout les colonnes d'attaque à se diviser, à se rompre et à se présenter sans cohésion à bonne portée de leurs créneaux.

En résumé, la tactique des pirates du Yen-Thé consiste à se retirer dans la partie la plus épaisse et la plus cachée de la forêt, à s'y fortifier et à organiser leurs défenses, de manière à forcer l'assaillant à se présenter devant eux à découvert, à très courte distance, et à pouvoir le surprendre par leurs feux croisés et repérés au moment où il se heurtera devant les nombreux obstacles accumulés autour de l'ouvrage principal.

3° Conséquences tactiques à déduire des renseignements précédents. — De ces données, découlent pour nos troupes certains enseignements au point de vue de la méthode de guerre à employer contre les bandes du Yen-Thé. Toute action contre ces bandes peut se diviser en trois phases.

1re phase. — Les renseignements des espions ou émissaires, la terreur surtout des habitants, les indices que peuvent recueillir nos postes font connaître approximativement l'étendue de la région suspecte, celles où les pirates ont élevé, au cœur des forêts, leurs ouvrages et leurs défenses, celle où ils comptent résister, suivant la tactique indiquée ci-dessus. Mais on ne peut espérer apprécier la position exacte de ces repaires. On ne sera fixé à ce sujet que lorsqu'on y aura pénétré et lorsqu'on en sera à très courte distance. Cette région suspecte déterminée, nos colonnes concentriques vont occuper, tout autour et aussi près que possible, les sommets les plus favorables, leur permettant de se relier entre elles et de constituer une première ligne d'investissement, d'où elles chemineront vers l'intérieur, en tâtonnant, en se faisant précéder de plusieurs pointes d'avant-garde, en se ménageant toujours des points d'appui en arrière, pour recueillir nos éclaireurs, s'ils venaient à se heurter à des forces supérieures.

Cette première phase doit nous amener jusqu'au contact avec les premiers postes pirates.

Ce contact obtenu, le gros de chaque colonne, tandis que l'avant-garde livre un combat défensif en évitant de se heurter aux défenses ou ouvrages principaux, élève aussitôt un retranchement rapide, permettant de servir de points d'appui aux nouveaux progrès en avant et d'éviter tout échec aux détachements d'avant-garde.

2e phase. — La deuxième phase commence alors; les colonnes concentriques, par leurs mouvements en avant, ont encore diminué l'étendue de la zone suspecte. Leurs gros sont établis sur des points d'appui, sommets plus ou moins élevés et organisés défensivement; en avant, les pointes d'avant-garde tâtent le terrain pour reconnaître le plus ou moins de résistance qu'elles peuvent trouver devant elles; vers le centre de cette nouvelle zone, ainsi déterminée, mais sur des points encore mal connus, se trouvent les principaux ouvrages de l'adversaire.

Ici, une fois arrivé à courte distance de l'adversaire et en raison de la nature boisée du terrain, il ne faut plus avancer qu'en empruntant les procédés de guerre de siège.

En premier lieu, chaque colonne cherche à se relier à droite et à gauche avec ses voisines et à créer ainsi une deuxième ligne d'investissement plus dense, mieux organisée que la première. Entre les sommets qui servent de points d'appui et de places d'armes, on établit des postes retranchés d'où de petits groupes de tireurs, bien abrités derrière des épaulements en terre, ou, mieux, des couverts de fascines pourront bien balayer le terrain en avant; entre ces postes, on ferme les intervalles par des défenses accessoires; petits piquets, abatis, etc., faciles à établir, puisque les matériaux se trouvent sur place en abondance.

Puis, de chaque place d'armes, chaque colonne doit cheminer vers les retranchements ennemis par des travaux de sape à travers bois, en utilisant les sentiers connus qui doivent nécessairement exister, quoique soigneusement dissimulés et en s'avançant toujours avec les plus grandes précautions. Les fractions en arrière sont constamment prêtes à recueillir les détachements de l'avant et à parer à tout incident, sauf à créer de nouveaux points d'appui en avant si la distance entre les détachements de tête et la première place d'armes devient trop considérable et ne permet plus de pouvoir efficacement leur venir en aide en cas de besoin. Il faut toujours que les soutiens soient placés très près en mesure de secourir ces détachements et de repousser énergiquement par leurs feux toutes tentatives de l'ennemi, favorisées par la nature couverte du terrain où il a pu dresser ses embuscades en toute liberté.

3e phase. — L'emplacement des retranchements ennemis bien déterminés, l'assaut des colonnes d'attaque n'a lieu qu'à courte distance, et après une longue et énergique préparation par les feux de l'artillerie et d'infanterie.

Mais, toujours, il faudra se prémunir, par les échelons ou soutiens, bien groupés et tenus prêts en arrière, contre les retours offensifs que les pirates ne manqueront de faire au moment où, leurs avant-lignes étant enlevées, on viendra aborder les ouvrages principaux.

Comme mesures d'exécution et de détail, l'exposé qui précède fait encore ressortir les principes suivants sur lesquels il est bon d'attirer l'attention de tous.

A. MARCHES D'APPROCHE. — Dans la région suspecte, ne commencer un mouvement en avant que lorsqu'un point d'appui solide, fortifié, tout préparé pour recevoir en cas de besoin les détachements d'avant-garde, a été établi à courte distance.

Aller toujours très doucement.

Former plusieurs pointes d'avant-garde, s'avançant parallèlement à la même hauteur, de manière à diviser l'attention des groupes ennemis en embuscade. Quelle que soit l'épaisseur des bois et des taillis, on peut toujours, avec la hache et le coupe-coupe, s'avancer par plusieurs directions parallèles.

Dans ces marches sous bois, composer toujours les têtes de colonnes et d'avant-garde avec des soldats européens ou indigènes éprouvés et solides au feu. Confier ces postes d'honneur à des hommes choisis avec le plus grand soin et qui inspirent toujours confiance. De plus, les officiers et gradés, qui dirigent ces têtes de colonnes, doivent constamment se prémunir contre les surprises et embuscades et se tenir prêts à prendre sans tarder les mesures propres à les combattre : choix d'une position à proximité et à l'abri; enlèvement des morts et des blessés, des armes, des cartouches des hommes tombés, etc. Il importe au plus haut point qu'une surprise en tête ne vienne pas jeter le désarroi dans la colonne.

Marcher toujours par échelons, l'échelon en arrière étant constamment prêt à appuyer de son feu et à courte distance les détachements en avant.

B. CHOIX ET OCCUPATION DES POSITIONS. — Avant tout, se procurer des vues en prenant pied sur les sommets des mamelons qui seront aussitôt débroussaillés. Exécuter toujours ces débroussaillements, quelque peine qu'ils donnent; en y mettant le temps et les outils nécessaires, haches, scies, coupe-coupe, ces points culminants pourront toujours être abordés par quelques hommes et installés ensuite comme points d'appui. Les grands arbres doivent être abattus, s'il est nécessaire, pour ménager des vues de l'artillerie.

Dans chaque groupe, organiser les divers détachements, les coolies, pour pouvoir constamment et au moment du besoin être employés à ce travail de débroussaillement, abatage des arbres, déblayement du terrain, installation de miradors, confection de fascines, etc.

Dès que l'on a pris pied sur l'une de ces positions, se relier aussitôt aux colonnes voisines de manière à former un cercle se rétrécissant de plus en plus et devenant de plus en plus difficile à franchir par l'ennemi ; se relier aussi aux groupes en arrière.

Installer les défenses des points d'appui très rapidement et en utilisant les matériaux sur place pour préparer des abris à l'artillerie et à ses soutiens ; employer surtout les arbres et les fascines, celles-ci pouvant ensuite être transportées plus loin ; ouvrir toujours les ouvrages à la gorge, sauf à fermer celle-ci provisoirement, si besoin en est.

C. ATTAQUE ET ASSAUT DES POSITIONS ENNEMIES. — Se rappeler constamment la tactique employée par les pirates du Yen-Thé et le mode d'organisation de leurs défenses.

Préparer fortement l'enlèvement de chaque ligne par l'artillerie, par des feux de salve d'enfilade et de plein fouet.

Ne se porter sur les avant-lignes et plus tard sur l'ouvrage principal qu'en se faisant précéder tout d'abord de patrouilles, marchant en avant des troupes d'attaque.

Éviter d'immobiliser les colonnes en avant d'une position défendue et retranchée, si l'adversaire l'occupe, le grand nombre et la nature des défenses accessoires devant nécessairement entraîner un arrêt dans l'attaque et, par suite, de pertes pouvant jeter le désarroi dans les colonnes en arrière. Dans ce cas, dès qu'on est arrivé à courte distance et en vue des défenses de l'ennemi, ne pas perdre son temps contre des palissades intactes, mais établir un nouveau point d'appui, solidement occupé sur une position bien choisie pour servir de base à de nouveaux cheminements, puis chercher à agir sur les lignes de retraite de l'ennemi.

D. ARTILLERIE. — Dans ce pays couvert et privé de vues, l'artillerie, ainsi que le prouve l'expérience des opérations précédentes, ne peut intervenir efficacement que si elle tire à courte distance et sur des buts à peu près déterminés.

On renoncera donc, à moins de circonstances particulièrement favorables, au tir à grande distance. L'artillerie marchera par sections attachées à chaque colonne, de manière à pouvoir agir au moment favorable et dès qu'une position solidement occupée permettra d'avoir des vues en avant ; elle servira aussi à assurer la possession de cette position et à protéger la marche en avant des détachements d'avant-garde.

Le tir employé sera donc le tir à courte distance, c'est-à-dire avec charges réduites, effectué sur l'ordre des officiers commandants de colonnes ou de groupes, qui laisseront toute initiative aux officiers d'artillerie pour les mesures de détail concernant l'emploi de leurs pièces : mise en batterie, choix de projectiles, genre de tir, etc. Les commandants de colonnes ou de groupes doivent se borner à indiquer la position à occuper, l'objectif à battre et le moment du commencement et la cessation du tir.

Les commandants de colonnes ou de groupes qui ont de l'artillerie avec eux doivent, sous leur responsabilité personnelle, prendre toutes les mesures nécessaires pour la sécurité de cette artillerie, soit en marche, soit en position. Ils doivent, en toutes circonstances, lui fournir l'aide la plus énergique et les moyens de prendre part à l'action.

Les officiers d'artillerie doivent, autant que possible, marcher avec les reconnaissances, accompagnés d'hommes pourvus d'outils pour rechercher constamment les positions donnant des vues sur les terrains environnants.

L'artillerie, comme l'infanterie d'ailleurs, doit toujours veiller, dans ce pays si couvert, à ne pas tirer sur les troupes voisines ou en avant. Les commandants de colonnes et de groupes doivent prendre les mesures de détail nécessaires pour prévenir ces méprises : signaux, sonneries, avertissements donnés dès l'occupation d'une position aux groupes voisins, prescriptions à tous de se rendre constamment compte de la position occupée par les troupes voisines, division du terrain en sections de tir, etc.

Enfin, l'artillerie comme l'infanterie doivent constamment se prêter un concours réciproque permettant seul d'agir avec succès dans cette région boisée et difficile.

E. *Principes généraux.* — Observer scrupuleusement le principe de la solidarité militaire : un camarade doit toujours son aide à un camarade embarrassé ou blessé ; une troupe voisine d'une troupe engagée avec l'ennemi lui doit assistance.

Les commandants de colonnes, de groupes, de reconnaissances, d'avant-postes, etc., doivent constamment se relier entre eux, se communiquer tous leurs renseignements, l'indication de leurs positions, etc.

Enfin, il y a intérêt à ce que non seulement les officiers, mais aussi les gradés et même les soldats soient toujours mis au courant du but à atteindre dans chaque circonstance. Dans cette guerre spéciale de bois, il faut compter beaucoup sur l'intelligence et l'esprit d'initiative individuelle de nos soldats, tous entraînés déjà à ce genre de combats et animés en général d'un moral à toute épreuve.

Je rappelais, en terminant, que les instructions qui précèdent n'étaient que de simples conseils destinés à donner mon appréciation personnelle sur la méthode de guerre à suivre au Yen-Thé. Je comptais, avant tout, sur l'expérience, le sang-froid et l'esprit d'à-propos de chacun, sachant bien que, dans un pays aussi couvert que celui-ci, je ne pourrai prétendre à diriger l'action dans ses détails et que je devrai me borner, une fois les points décisifs reconnus et les ordres donnés en conséquence, à diriger l'ensemble des mouvements et les faire converger vers un objectif commun.

III.

PROGRAMME A REMPLIR. — SITUATION LE 20 OCTOBRE.

Les instructions de M. le gouverneur général, que m'avait transmises M. le général commandant en chef, indiquaient la ligne de conduite à tenir vis-à-vis du dé-tham. Elles recommandaient : 1º de n'agir contre lui que si tout autre moyen de l'amener à se soumettre échouait; 2º de l'empêcher en même temps de faire quelque tentative, comme en 1894, contre la ligne ferrée où il était si facile d'exécuter un enlèvement d'Européens.

J'adressais donc au dé-tham une lettre qui avait pour objet de lui faire accepter le remplacement à Bo-Ha et à Nha-Nam des forces de milice par les troupes régulières et en même temps de lui faire comprendre que nous étions décidés à prendre nous-mêmes les mesures nécessaires pour empêcher ses bandes de continuer leurs pillages en dehors du Yen-Thé.

Comme toujours, il protesta de ses bonnes dispositions à notre égard; mais les faits contredirent ses paroles et il semble que, à partir de ce moment, son but ait été d'éloigner de lui les troupes régulières qui commençaient l'investissement de ses forêts en envoyant, sur leurs derrières, des petites bandes tenter des coups de main sur des villages amis.

Le 10 octobre, la bande du Doc-Thu, signalée dans la forêt de Yen-Tien, non loin de Bao-Loc, infligeait un échec aux partisans et miliciens du résident de Bac-Giang.

Le 13 octobre, les bandes de Tong-Luan et Tong-Tru, qui avaient leurs repaires dans la région du Tam-Dao, au sud-ouest de Thaï-Nguyen, attaquaient plusieurs villages dans le Phu-Da-Phuc.

Le 17 octobre, la même bande du Doc-Thu, qui cherchait à se rapprocher du Yen-Thé pour y conduire son butin et tenter quelque coup contre la ligne ferrée, recevait à coups de fusil une forte reconnaissance de milice envoyée contre elle, lui tuait un homme, lui en blessait trois et ne se retirait que devant l'approche de renforts réguliers, amenant avec eux une pièce d'artillerie.

En même temps, les postes de la ligne ferrée, entre Phu-Lang-Tuong et Bac-Lé, signalaient la présence de plusieurs partis pirates dans la région boisée à l'est et à l'ouest de la ligne.

En somme, le 20 octobre, quelques jours à peine après l'occupation par nos troupes des postes de Bo-Ha et Nha-Nam, la situation était la suivante :

Le dé-tham, avec 300 de ses partisans environ, tous armés de fusils perfectionnés, se tenait toujours dans les repaires du Yen-Thé, répondant avec empressement aux lettres qui lui étaient adressées, mais refusant de fournir des explications sur les agissements de ses lieutenants.

Ceux-ci, Doc-Thu, Linh-Luc, Tong-Luan, Tong-Tru, etc., parcouraient les pays voisins du Yen-Thé, étant une source d'inquiétude persistante pour le chemin de fer entre Phu-Lang-Thuong et Bac-Lé et tenant tous nos postes sur le qui-vive.

Toute la région, au sud de Thaï-Nguyen, au nord de Bac-Ninh et Dap-Cau, au nord et à l'est de Phu-Lang-Thuong, était complètement inféodée au dé-tham et se renfermait, vis-à-vis des autorités françaises et indigènes, dans une abstention manifestement hostile.

IV.

NOUVELLES MESURES PRISES A PARTIR DU 20 OCTOBRE POUR REN-FORCER LES TROUPES D'OCCUPATION DU YEN-THÉ ET INVESTIR LE TRIANGLE BO-HA—MO-TRANG—NHA-NAM.

Pour faire face à cette situation et en même temps pour me conformer aux instructions générales reçues, je prends les mesures suivantes :

1° La brigade de garde civile du chemin de fer est renforcée de 150 hommes pour permettre de protéger plus sérieusement la ligne entre Bac-Lé et Kep et de créer deux postes importants à Lang-Than et à Lang-Phan, couvrant de ce côté les abords de la ligne ;

2° Une colonne comprenant 150 miliciens, 100 tirailleurs et une pièce de 80mm de montagne avec un soutien de 15 hommes d'infanterie de marine, sous les ordres du capitaine Barrand, de l'artillerie de marine, va déloger de Phu-Do, à l'est de Bo-Ha, la bande du Doc-Thu et la rejeter loin du chemin de fer ;

3° Ce résultat obtenu, le détachement de miliciens rejoint ses postes sur la ligne, le détachement de tirailleurs (peloton Müller de la 7ᵉ compagnie du 2ᵉ tonkinois) et la pièce de 80ᵐᵐ de montagne vont à Bo-Ha ;

4° La garnison de Bo-Ha, laissée ainsi libre, est reportée à Nha-Nam ;

5° Le capitaine Grimaud fait occuper, le 22 octobre, le nouveau poste de Dinh-Tep. Cette occupation a lieu sans coup férir ;

6° Le capitaine Adeline, du 10ᵉ de marine, venant des Sept-Pagodes et Phu-Lang-Thuong, rejoint également Bo-Ha où, ralliant le peloton de tirailleurs Müller, il constitue un groupe complet qui est chargé, par l'occupation des blockhaus de Song-Soï et de Phuc-Dinh, de se relier au blockhaus des partisans de Luoc-Ha et de garnir ainsi ce tronçon de la route de Nha-Nam à Bo-Ha, le capitaine Grimaud étant chargé de surveiller la route jusqu'à Nha-Nam ;

7° Ce même officier se relie à Dinh-Tep par l'occupation de :
La pagode de Luc-Gioï, 100 partisans Thos,
La pagode Monin, 25 tirailleurs.

Tous les villages situés sur cette ligne sont brûlés et leurs habitants sont ramenés sous les murs de nos postes de Bo-Ha et Nha-Nam, après avoir reçu l'autorisation de ramasser leurs récoltes ;

8° De nouvelles lettres sont adressées au dé-tham pour lui expliquer que ces mesures sont prises dans le but d'empêcher les incursions des bandes en dehors du Yen-Thé et afin de le laisser dans l'indécision sur nos projets.

Ces mesures étaient encore très insuffisantes si nous voulions espérer pouvoir peser sur le dé-tham et empêcher la circulation des bandes importantes entre le Yen-Thé et les régions environnantes, servant de théâtre ordinaire d'opérations à ses lieutenants. Ici, comme pour les grands chefs soumissionnaires Ba-Ky et Luong-Tam-Ky, la méthode devait être la même, à savoir : isoler autant que possible les repaires du dé-tham des régions d'où il tirait ses vivres et son butin, de manière à l'affamer et à le réduire à demander merci. Malheureusement, la nécessité d'agir vite pour pouvoir disposer vers le nord des forces mo-

mentanément dirigées sur le Yen-Thé, ne permettait pas de tirer
de ce système tous les fruits désirables. Les villages situés entre
Dinh-Tep et Bo-Ha avaient bien été détruits et leurs rizières mises
à l'abri des pirates; mais ceux-ci, outre qu'ils pouvaient continuer à récolter le riz dans l'intérieur du triangle Bo-Ha—Mo-
Trang—Nha-Nam, avaient encore toutes leurs communications
libres entre Bo-Ha et Mo-Trang d'une part, Dinh-Tep et Mo-
Trang d'autre part. La ligne Bo-Ha—Mo-Trang notamment traversait une région des plus difficiles, longeant, à peu de distance, le Song-Soï, derrière lequel étaient établis les principaux
forts du dé-tham. C'était du reste par cette ligne que les bandes
du Yen-Thé menaçaient le plus directement le chemin de fer,
dans sa partie la plus dangereuse, entre Kep et Bac-Lé. Il était
donc nécessaire d'occuper cette ligne très solidement.

Notre frontière du Quang-Si, entre Lang-Son et That-Thé,
étant alors parfaitement calme et pouvant d'ailleurs être momentanément dégarnie et protégée par nos partisans, les forces
nécessaires pour achever l'investissement du triangle Bo-Ha—
Nha-Nam—Mo-Trang, furent prises dans le cercle de Lang-Son.

Trois groupes, composés chacun de 50 légionnaires et 100
tirailleurs, étaient donc constitués à Lang-Son, Dong-Dang et
Na-Cham et acheminés successivement par voie ferrée sur Bo-Ha
pour aller garnir la ligne Bo-Ha—Mo-Trang,

Le groupe de Grandmaison occupait Cho-Keï le 27 octobre.

Le groupe Domec, renforcé d'une section de 80^{mm} de montagne sous les ordres du lieutenant Jacquet, occupait le point A
le 30 octobre.

Le groupe Bichemin occupait Mo-Trang le 1er novembre.

Enfin, un quatrième groupe, le groupe Savy, formé avec un
peloton d'infanterie de marine, venu d'Hanoï sous les ordres du
lieutenant Grivois et d'un peloton de tirailleurs de la 1re compagnie du 2e tonkinois, venait occuper Cau-Ré, en arrière de la
ligne Nha-Nam—Mo-Trang, le 5 novembre.

De plus, une section de tirailleurs à 50 fusils, sous les ordres .
du lieutenant Dussault, venu de Cho-Moï, venait relever le
28 octobre à Mona-Luong le détachement de milice qui s'y
trouvait.

Les groupes Tiffon et Lesol restaient placés sous les ordres du
capitaine Grimaud; les groupes de Grandmaison, Domec et

Bichemin étaient mis sous le commandement du commandant Hoblingre, du 2e bataillon étranger; les groupes Adeline et Savy étaient placés provisoirement sous mes ordres directs.

Le tableau suivant indique comment étaient réparties, à la date du 5 novembre, les troupes chargées de l'investissement du haut Yen-Thé :

INDICATION des GROUPES ET SECTEURS.	POSTE PRINCIPAL.	POSTES et BLOCKHAUS DE LIAISON.	OBSERVATIONS.
1. Groupe *Adeline*......	Bo-Ha.....	Les Trois-Pagodes. Song-Soï. Phuc-Dinh.	(1) Poste occupé par les partisans du Bang-Ta. (2) Partisans Thos de Binh-Moc.
2. Groupe *Lesol.*.......	Nha-Nam.	Luoc-Ha (1). Luc-Gioï (2). Dinh-Tep. Pagode Monin. Petit poste.	
3. Groupe *Tiffon.*......	Trai-Hop..	Petit poste n° 1. Petit poste n° 2.	
4. Groupe *Bichemin.*....	Mo-Trang..	Petit poste n° 1. Petit poste n° 2.	
5. Groupe *Domec.*......	Point-A...	Petit poste n° 1. Petit poste n° 2.	
6. Groupe *Grandmaison.*	Cho-Keï...	Poste pagode Lang-Léa. Petit poste n° 1.	
7. Groupe *Savy.*........	Cau-Ré....	»	

V.

SERVICE SANITAIRE. — RAVITAILLEMENT. — COMMUNICATIONS.

.

Une bonne partie des troupes qui allaient m'être nécessaires se trouvait sur le théâtre des opérations. Il fallait songer à assurer les mesures d'hygiène, le ravitaillement, les communications, etc.

Service sanitaire et mesures hygiéniques. — Les bois du Yen-

Thé ont toujours été réputés pour leur insalubrité. Les détritus végétaux, accumulés dans les forêts depuis de nombreuses années, engendrent des fièvres graves, d'autant plus à redouter qu'elles s'attaquaient à des hommes déjà fatigués par un long séjour dans la haute région et par les épreuves d'une saison chaude, qui avait été des plus pénibles. Je pris donc les mesures les plus sévères pour éviter à nos troupes les dangers d'un séjour prolongé sous bois et les conséquences des travaux de débroussaillement qui leur étaient imposés pour l'ouverture des lignes de communication entre les postes et l'exécution des percées à travers bois, nécessaires pour les reconnaissances journalières. Les mesures d'hygiène recommandées s'imposaient d'autant plus que plusieurs cas d'une maladie suspecte, dénommée choléra par les uns, entérite spécifique par les autres, étaient signalés, du 1er au 10 novembre, à Nha-Nam et occasionnaient plusieurs décès d'Européens. M. le gouverneur général voulait bien, sur la proposition du général commandant en chef, autoriser l'augmentation des rations de thé et de tafia distribuées aux troupes en opérations dans le Yen-Thé, afin de leur permettre de ne boire que du thé léger additionné de tafia. Cette mesure eut les plus heureux résultats.

Les mesures hygiéniques à prendre dans chaque campement sont consignées dans l'ordre suivant :

Ordre n° 8.

Les troupes employées actuellement dans le Yen-Thé sont composées, en ce qui concerne les Européens, d'hommes éprouvés et déjà entraînés par la pratique de plusieurs expéditions dans le haut Tonkin. D'autre part, le colonel commandant a pris ses mesures pour que le ravitaillement fonctionne très régulièrement et que tous les détachements soient bien approvisionnés de leurs vivres de rations et des vivres d'ordinaire. Il a obtenu en même temps que chaque homme, en outre de sa couverture, serait muni d'une toile à paillasse qui, garnie et installée sur quelques bambous, permettra de l'isoler du sol. Enfin, il a interdit le port du sac, peu pratique dans ce pays accidenté et boisé, où l'homme a constamment besoin de la liberté de tous ses mouvements.

MM. les officiers commandants de groupes et de détachements pourront donc aisément maintenir leurs hommes en bonne santé et en état de fournir les gros efforts qui vont leur être demandés, s'ils exigent l'observation stricte des règles d'hygiène, dont la pratique a fait connaître l'utilité dans cette région.

Le colonel commandant appelle particulièrement leur attention sur les points suivants :

1° Rappeler aux hommes que l'intempérance est la principale cause de maladie dans les pays intertropicaux et veiller à ce qu'ils n'abusent pas de liqueurs fortes. La ration de tafia qui leur est journellement distribuée peut être bienfaisante, mais à condition de ne pas être prise à jeun et en une seule fois. Tout cas d'ivresse, avec les maladies de caractère épidémique qui ont régné cet été sur plusieurs points de la colonie et dont plusieurs cas ont encore été constatés ces jours derniers à Nha-Nam, peut aboutir instantanément à une affection mortelle;

2° Surveiller constamment les hommes au point de vue des accès de fièvre intermittente, auxquels tous sont plus ou moins sujets sous ce climat. Tenir bien compte du rythme des accès et administrer le sulfate de quinine en conséquence, en attendant la visite du médecin. De plus, de la quinine, à titre préventif, sera distribuée deux fois par semaine à la dose de 25 centigrammes, sous le contrôle des commandants de détachements. Cette même dose pourra être distribuée tous les jours aux hommes spécialement employés aux travaux de débroussaillement et de terrassement;

3° Mettre les hommes constamment en garde contre les changements de température, si fréquents dans ce pays. Leur faire porter la ceinture de flanelle directement sur la peau et en toutes circonstances. Les commandants de groupes et de détachements doivent eux-mêmes et de leur propre initiative ordonner les changements de tenue nécessités par les changements de température;

4° En raison du caractère épidémique que peuvent prendre ces affections, veiller à ce que tout homme atteint de diarrhée se présente aussitôt que possible à la visite du médecin. Si les symptômes s'aggravent, il sera isolé et ses déjections seront désinfectées avec du lait de chaux ou, à défaut, un feu allumé chaque jour sur la feuillée affectée aux malades en observation.

La plus grande propreté devra aussi être établie dans chaque campement. Nul Européen, soldat indigène ou coolie ne devra être dispensé d'une des feuillées qui seront construites à 60 mètres au moins du campement. Ces feuillées consisteront en une tranchée très étroite et très profonde, de manière à pouvoir être tenues constamment très propres et à pouvoir être recouvertes chaque jour d'un mélange de terre et de cendre de 2 à 5 centimètres d'épaisseur.

Enfin, on allumera dans le voisinage des chantiers de grands feux pour activer leur ventilation et, de préférence, près des flaques d'eau, des fondrières, etc.

On évitera que les hommes se rendent au travail ou se mettent en marche l'estomac étant à jeun.

Dans chaque poste, on installera un filtre avec des tonneaux pour l'eau potable. Sur les chantiers et dans les cantonnements, on se servira autant que possible d'une infusion légère de thé.

Bo-Ha, le 2 novembre 1895.

GALLIENI.

Quant au service sanitaire lui-même, il était organisé, conformément aux dispositions de l'ordre n° 9.

ORDRE N° 9.

I. — Deux ambulances sont installées, l'une à Bo-Ha sous la direction de M. le médecin-major de 1re classe Cornille, l'autre à Nha-Nam sous celle de M. le médecin de 2e classe Porre.

Ces deux médecins s'entendront avec les commandants d'armes de ces places pour que ces ambulances, destinées surtout à l'évacuation des malades, soient organisées aussi bien que possible et soient pourvues du personnel : infirmiers européens et indigènes, coolies, et du matériel : matelas, traversins, moustiquaires, draps, brancards, etc., nécessaires à leur bon fonctionnement.

Chaque ambulance devra avoir pour annexe un local séparé devant servir à isoler les malades atteints d'affections épidémiques.

Les deux médecins, chefs d'ambulance, enverront chaque jour au colonel commandant une situation des malades traités dans leurs ambulances avec l'indication des évacuations, quand il y en aura.

II. — Les groupes et postes, échelonnés sur la ligne Bo-Ha—Mo-Trang, évacueront leurs malades sur l'ambulance de Bo-Ha ; ceux entre Nha-Nam et Mo-Trang, ainsi que le groupe de Cau-Ré, les évacueront sur l'ambulance de Nha-Nam.

Les évacuations auront lieu par les soins des commandants de groupes et sous le contrôle des officiers supérieurs commandant l'ensemble de ces groupes. Les uns et les autres veilleront à ce que les malades soient dans les meilleures conditions possibles sur les brancards et accompagnés d'un soldat européen ou indigène, si la gravité de leur état l'exige.

Les malades devront être munis des effets et papiers permettant de bien établir leur situation administrative, conformément aux instructions et prescriptions en vigueur dans le corps d'occupation. Ils auront naturellement avec eux leurs armes.

Chaque chef de convoi de malades sera porteur d'un ordre de route détaillé qui sera remis au commandant d'armes de Bo-Ha ou de Nha-Nam et communiqué par ceux-ci aux médecins des ambulances.

III. — L'ambulance de Nha-Nam évacuera sur Bo-Ha les malades reconnus incapables de reprendre leur service après quelques jours de soins et de repos.

L'ambulance de Bo-Ha évacuera les malades dans les mêmes conditions sur l'ambulance de Phu-Lang-Thuong.

IV. — Les évacuations de l'ambulance de Bo-Ha sur l'ambulance de Phu-Lang-Thuong auront lieu par la voie d'eau. Deux sampans, aménagés d'une manière spéciale, feront continuellement le va-et-vient entre ces deux points.

Le médecin de Bo-Ha veillera à ce que ces évacuations aient lieu dans les meilleures conditions, que les sampans soient munis des matelas, couvertures, etc., nécessaires, qu'ils soient accompagnés d'un infirmier, si l'état des malades l'exige, et que ceux-ci soient bien pourvus pour le trajet, des vivres et médicaments dont ils ont besoin.

Le médecin de Bo-Ha aura toujours soin de prévenir télégraphiquement le médecin de l'ambulance de Phu-Lang-Thuong du départ de chaque convoi, afin que ce dernier puisse envoyer du monde à l'arrivée des convois. Le commandant d'armes de Bo-Ha agira de même avec le commandant d'armes de Phu-Lang-Thuong.

V. — Les médecins de Bo-Ha et de Nha-Nam devront visiter au moins une fois par semaine : le premier, les groupes de Cho-Keï, Point-A et Mo-Trang; le second, les groupes de Dinh-Tep et Cau-Ré.

Ils recevront à ce sujet des instructions du commandant Hoblingre et du capitaine Grimaud.

Chaque groupe devra posséder une petite caisse de médicaments et un soldat infirmier ; le commandant du groupe fera construire 18 brancards en bambous et une case de 5 mètres de long sur 4 mètres de large pour isoler les malades, en attendant leur évacuation, s'il y a lieu.

Les demandes de médicaments seront adressées aux ambulances de Bo-Ha et Nha-Nam qui possèdent les dépôts nécessaires.

Bo-Ha, le 4 novembre 1895.

GALLIENI.

Ravitaillement. — Le ravitaillement des troupes en opération dans le Yen-Thé s'effectuait très facilement. La voie d'eau du Song-Thuong, qui permettait aux sampans d'apporter les approvisionnements à Bo-Ha, sous la protection des canonnières le *Moulun* et l'*Arquebuse*, qui croisaient dans ce fleuve, fournissait un moyen rapide et commode de ravitailler le magasin principal, installé à Bo-Ha, sous la direction du sous-commissaire des colonies Marzin.

De Bo-Ha, les approvisionnements étaient dirigés sur Nha-Nam par un convoi de voitures Lefebvre, attelées de mulets, qui partait chaque jour. Les postes de Cho-Keï, Point-A et Mo-Trang envoyaient chaque jour leurs coolies chercher les vivres à Bo-Ha. Ceux de Dinh-Tep, Traï-Hop et Cau-Ré agissaient de même avec Nha-Nam.

Des fours de campagne fonctionnaient à Bo-Ha et Nha-Nam pour fournir le pain nécessaire à toutes les troupes.

L'ordre n° 13 ci-dessous donne le détail des mesures prises pour le ravitaillement des divers postes, ravitaillement qui ne cessa de fonctionner d'une manière parfaite pendant toutes les opérations et fut l'une des causes essentielles de la bonne santé des troupes, exposées cependant, sous un climat des plus insalubres, à des fatigues exceptionnelles et à la dangereuse fièvre des bois.

ORDRE N° 13.

I. — Le ravitaillement des troupes en opération dans le Yen-Thé, ainsi que le transit destiné à ces troupes, ont lieu par la voie du Song-Thuong, entre Phu-Lang-Thuong et Bo-Ha.

Le service de la marine assure, par ses canonnières et chaloupes à vapeur, la sécurité sur cette voie.

II. — Bo-Ha est le centre du ravitaillement des troupes.

Le service des vivres y est placé sous la direction de M. le sous-commissaire Marzin assisté des agents nécessaires.

Les magasins de Bo-Ha contiennent constamment un approvisionnement de :

15 jours de vivres pour 550 rationnaires européens.

10 jours de riz et sel pour 1500 rationnaires indigènes.

III. — Les magasins de Bo-Ha ravitaillent directement les groupes Adeline, de Grandmaison, Domec et Bichemin, actuellement placés à Bo-Ha, à Cho-Keï, au Point-A et à Mo-Trang. Exception est faite pour le pain, en ce qui concerne les groupes Domec et Bichemin, Mo-Trang étant muni du personnel et du matériel nécessaires pour cuire le pain pour ces deux groupes. Il en est de même pour la viande, ces deux groupes, pour éviter tout transport inutile, peuvent s'entendre pour l'abatage sur place ; M. le commandant Hoblingre se concertera pour les mesures de détail à prendre à ce sujet, avec le service administratif à Bo-Ha.

IV. — Les groupes de Cho-Keï, Point-A et Mo-Trang qui ont emporté avec eux une réserve de 8 jours de vivres, devront, pour parer à tous événements, tenir cette réserve constamment au complet.

Les vivres seront remisés dans le réduit provisoire construit dans chaque poste et mis à l'abri de tout danger d'incendie et des intempéries. Ces groupes devront d'ailleurs, pour les denrées craignant les avaries, consommer et remplacer chaque jour au moyen des convois de Boha.

M. le commandant supérieur des trois groupes donnera tous les ordres de détail à ce sujet.

V. — Le poste de Nha-Nam, servira de magasin secondaire pour les troupes échelonnées sur la ligne Nha-Nam —Mo-Trang, c'est-à-dire pour les deux groupes placés sous les ordres du capitaine Grimaud et pour le groupe Savy à Cau-Ré.

Ce magasin devra contenir constamment :

15 jours de vivres pour 200 rationnaires européens ;

10 jours de riz et sel pour 600 rationnaires indigènes.

VI. — Le magasin secondaire de Nha-Nam sera ravitaillé par le magasin principal de Bo-Ha.

Le gérant militaire de Nha-Nam devra prendre à ce sujet les instructions de l'agent comptable de Bo-Ha.

Ce ravitaillement aura lieu par des convois de voitures, suivant les prescriptions de détail données par le colonel commandant.

VII. — Conformément aux prescriptions de l'article IV ci-dessus, les groupes du capitaine Grimaud et celui du capitaine Savy devront avoir une réserve constante de 8 jours de vivres qui fera l'objet des précautions déjà indiquées.

VIII. — Les gérants de magasins, commandants de groupes et de détachements devront veiller avec le plus grand soin à la bonne organisation des groupes de coolies attachés aux divers détachements ou employés au ravitaillement. Ils devront éviter de séparer leurs coolies de leurs doï[1] ou caï[2] habituels et tenir la main à la régularité des inscriptions faites sur les feuilles de route de ces groupes de coolies, afin que le règlement des comptes puisse ensuite s'effectuer sans difficulté à la dislocation des colonnes.

Les coolies, qui, en raison de la température, désireraient des couvertures, pourraient en demander aux commandants de groupes, qui transmettront les demandes au gérant de Bo-Ha, lequel les fera acheter au commerce à Phu-Lang-Thuong, après en avoir référé d'urgence à M. le sous-commissaire Marzin.

Inscription de ces délivrances sera faite sur la feuille de route des coolies, afin que le prix des couvertures puisse être déduit, à la fin des opérations, du montant de la solde due. Les coolies seraient prévenus des conditions dans lesquelles seraient faites ces délivrances.

Nha-Nam, le 8 novembre 1895.

GALLIENI.

---

[1] Chef de cinquante hommes environ.
[2] Chef de vingt-cinq hommes environ.

Communications. — Dès le 8 octobre, le service optique commençait la construction de la ligne télégraphique destinée à relier les postes de Bo-Ha et Nha-Nam au réseau général de Kep. Les poteaux étaient coupés par les habitants des villages et amenés par eux à pied-d'œuvre. La ligne établie avec le fil ordinaire fonctionnait à compter du 16 octobre.

Immédiatement après, les postes principaux de Bo-Ha et Nha-Nam étaient mis en relations au moyen du câble de campagne avec les postes secondaires de Point-A, Mo-Trang et Dinh-Tep. Le 5 novembre, le colonel commandant à Nha-Nam était en communication directe et constante avec tous les postes principaux.

Les communications étaient interceptées plusieurs fois par les pirates, qui coupaient surtout le fil pendant la nuit ; mais elles étaient aussitôt rétablies.

Enfin, à partir du 20 octobre, des appareils optiques, établis au Point-A, à Nha-Nam et à Dinh-Tep, permettaient de doubler les postes télégraphiques très surchargés.

L'ordre suivant réglait d'autre part le service des communications (trams[1]).

Ordre Nº 10.

I. — Le service de trams sera réglé à dater du 6 novembre et assuré sous la responsabilité des capitaines commandants de groupe sur les bases suivantes :

1º De Mo-Trang à Bo-Ha et réciproquement.
- De Mo-Trang à Point-A, capitaine Bichemin ;
- Du Point-A à Cho-Keï, capitaine Domec;
- De Cho-Keï à Bo-Ha, capitaine de Grand-maison.

2º De Cau-Ré et Traï-Hop à Bo-Ha et réciproquement.........
- De Cau-Ré à Dinh-Tep, capitaine Savy;
- De Traï-Hop à Dinh-Tep, commandant d'armes de Traï-Hop ;
- De Dinh-Tep à Nha-Nam, commandant d'armes de Dinh-Tep ;
- De Nha-Nam à Bo-Ha, capitaine Grimaud ;

3º De Bo-Ha à Kep et réciproquement......
- Commandant d'armes de Bo-Ha.

---

[1] Tram, courrier indigène.

Chacun des officiers désignés ci-dessus fournira entre les points où le service se trouve placé sous ses ordres les coolies nécessaires pour l'effectuer. Ces coolies seront choisis parmi ceux appartenant au groupe ou à la fraction que commande cet officier ; ils continueront à y compter au point de vue vivres et solde.

II. — Deux voyages seront effectués chaque jour tant à l'aller qu'au retour. Les heures de départ de chacun des points ci-dessus seront fixées : pour l'aller, sur les heures suivantes d'arrivée à Kep : 11 heures du matin et 6 heures du soir ; pour le retour, sur les heures suivantes du départ de Kep : 6 heures du matin et midi.

III. — M. le commandant Hoblingre pour la ligne Bo-Ha—Mo-Trang, M. le capitaine Grimaud pour la ligne Bo-Ha—Cau-Ré et Traï-Hop et M. le capitaine Adeline pour la ligne Bo-Ha—Kep, donneront les ordres de détail pour l'exécution des prescriptions ci-dessus et rendront compte, dès la journée du 7, des mesures ordonnées ainsi que les heures d'arrivée et de départ des divers trams aux points où ils doivent être changés.

Bo-Ha, le 9 novembre 1895.

GALLIENI.

VI.

SITUATION DU 5 AU 20 NOVEMBRE. — CONSTITUTION DE NOUVEAUX GROUPES. — INVESTISSEMENT.

Le 5 novembre, les sept groupes, déjà mobilisés pour les opérations du Yen-Thé et uniformément composés de 50 Européens et 100 tirailleurs, plus deux sections de 80^{mm} de montagne, étaient donc répartis sur les côtés du triangle Bo-Ha—Nha-Nam—Mo-Trang. Ils surveillaient les principales communications avec l'extérieur. Tous les villages existant sur ces trois lignes avaient été détruits ; les récoltes des rizières étaient faites sous la protection de nos postes et étaient apportées à Bo-Ha ou Nha-Nam.

Suivant les instructions que j'avais reçues, je continuais à négocier par lettres avec le dé-tham, cherchant à l'amener à accepter les deux conditions essentielles de sa soumission, à savoir : l'évacuation de ses repaires du Yen-Thé et la remise de ses armes. Mais le chef pirate, suivant la tactique qui lui avait si bien réussi depuis trois ans, ne répondait à ces demandes précises qu'en réclamant de nouveaux délais et l'éloignement des troupes, espérant que, cette fois encore, il nous lasserait par ses atermoiements et pourrait se maintenir dans le Yen-Thé, qu'il redoutait tant de quitter. En même temps, les bandes du Doc-Thu, de Linh-Tuc, de Tong-Luan et de Tong-Tru ne cessaient de circuler dans la région avoisinante, signalant leur passage par les pillages ou incendies de villages, opposant une résistance souvent victorieuse aux attaques des partisans ou miliciens lancés à leur poursuite et ne quittant les positions où ils se fortifiaient qu'à l'arrivée des troupes régulières et de l'artillerie.

Voyant qu'il fallait perdre l'espoir d'en venir à un accommodement, et pressé d'ailleurs par le temps, je pris donc des mesures pour pouvoir agir offensivement contre les repaires, dès que les renforts et les obus à mélinite, attendus de France, auraient permis de donner aux troupes d'opérations leur organisation définitive pour pénétrer dans les forêts sans courir au-devant d'un échec, ainsi que le prouvait l'expérience des colonnes ayant déjà eu lieu dans cette même région.

Les autorités indigènes de Bac-Ninh auraient désiré voir brusquer notre action contre le dé-tham; mais il eût été imprudent de quitter les positions actuelles autour du Yen-Thé avant d'être complètement prêts. On ne pouvait espérer entrer dans cette épaisse région boisée et commencer les hostilités avec quelque succès, si les forces déjà mobilisées n'étaient encore augmentées et portées au moins à 1500 fusils, par la formation de nouveaux groupes constitués au moyen des renforts venus par le premier transport, attendu à Haïphong vers le 18 novembre. Ainsi qu'il résultait des enseignements des opérations de 1890 à 1892, des pertes considérables étaient à prévoir, si les pirates se décidaient à résister longtemps dans leurs fortifications. Il fallait, par un mouvement d'ensemble de toutes nos forces, pénétrant simultanément dans les forêts, abattre leur moral et les contraindre à évacuer leurs formidables repaires.

L'opération présentait de telles difficultés qu'il eût été souverainement imprudent de brusquer les événements, ainsi que le fait avait eu lieu en 1891 avec les colonnes Tane et Winckelmeyer. Le prestige des pirates du Yen-Thé, toujours si grand, ne pouvait être détruit que si notre objectif était atteint rapidement et avec le moins de pertes possible.

Cet objectif consistait pour nos troupes, comme pour celles de nos prédécesseurs, à enlever de vive force les repaires fortifiés des pirates et à déterminer ceux-ci à évacuer les forêts, refuge de tous les bandits des environs, toujours prêts à tenter de là quelque mauvais coup contre le chemin de fer ou la route si fréquentée de Phu-Lang-Thuong à Bac-Ninh. Ensuite, l'occupation de ces forêts devait être nécessaire pendant quelque temps pour y interdire le retour de leurs anciens possesseurs.

Jusqu'au 20 novembre il n'y a donc pas d'incident remarquable à signaler sur les lignes d'investissement. Les différents groupes ont ordre de se borner à interdire tout passage à travers les intervalles de leurs postes. Ils s'occupent à leurs travaux d'installation, à l'établissement de routes et sentiers, leur permettant de se relier rapidement l'un à l'autre à travers les forêts. Une route carrossable de 3 mètres de large, avec ponts en bois, est tracée entre Mo-Trang, le Point-A et Bo-Ha.

Ce n'est que par des émissaires et des renseignements donnés par les habitants du pays, que l'on cherche dans cette période à se procurer quelques indications sur les positions exactes des forts du dé-tham. Les hommes isolés qui s'aventurent à peu de distance de nos petits postes signalent des bruits de voix, d'abatage des arbres, un peu au delà de Phong-Xuong, ainsi que non loin de Song-Soï ; mais il est difficile, en raison de l'épaisseur des forêts, de fixer la position exacte des repaires. Le résident de Bac-Giang et le tong-doc de Bac-Ninh ne savent également rien à ce sujet. D'autre part, la nécessité de ne pas rompre de suite avec le dé-tham ne permet pas aux reconnaissances de s'avancer beaucoup à l'intérieur du triangle Bo-Ha—Mo-Trang—Nha-Nam.

Des mesures sont prises pour constituer les nouveaux groupes, destinés à prendre part aux opérations. Ceux-ci sont formés au moyen des hommes des 1er et 2e bataillons étrangers, débarqués du transport le *Bien-Hoa* et arrivés à Phu-Lang-Thuong, le 16 novembre, et avec des détachements de tirailleurs pris dans le cercle de Cho-Moï. Il est formé ainsi quatre nouveaux groupes. L'insuffisance du nombre de tirailleurs force à avoir recours, pour former l'élément indigène du groupe Mathieu, à la brigade du chemin de fer, qui fournit un détachement 100 miliciens.

L'ordre n° 17 réglait la composition de ces groupes.

ORDRE N° 17.

I. — En exécution des ordres de M. le général commandant en chef, quatre nouveaux groupes sont formés, destinés à prendre part aux opérations du Yen-Thé.

II. — Ces groupes sont constitués de la façon suivante :

1er GROUPE : capitaine *Bulleux.*

100 tirailleurs de la 6ᵉ compagnie du 3ᵉ tonkinois, lieutenant *Milley;* 50 légionnaires du 2ᵉ bataillon étranger arrivant par le *Bien-Hoa*, lieutenant *L'Hérault.*

2ᵉ GROUPE : capitaine *Rémond.*

100 tirailleurs de la 7ᵉ compagnie du 3ᵉ tonkinois, lieutenant *Wemel;* 50 légionnaires du 2ᵉ bataillon étranger arrivant par le *Bien-Hoa*, lieutenant *Delpont.*

3ᵉ GROUPE : capitaine *Berthe.*

100 tirailleurs des 9ᵉ et 11ᵉ compagnies du 3ᵉ tonkinois, lieutenant *Darnault;* 50 légionnaires du 2ᵉ bataillon étranger arrivant par le *Bien-Hoa*, 1 lieutenant.

4ᵉ GROUPE : capitaine *Mathieu.*

100 miliciens de la brigade du chemin de fer, 3 gardes principaux; 50 légionnaires du 1er étranger, arrivant par le *Bien-Hoa*, 1 lieutenant.

III. — Les différents détachements de tirailleurs, sous le commandement de leurs chefs respectifs, seront mis en route immédiatement et concentrés à Thaï-Nguyen, sauf le détachement de la 7ᵉ compagnie qui, pouvant, s'il y a lieu, être prélevé à Mona-Luong (30 hommes au plus), se joindra au passage à Mona-Luong au groupe dont il fait partie.

M. le commandant d'armes de Thaï-Nguyen préviendra le colonel commandant du jour où ces divers détachements seront parvenus dans cette place. Ils se rendront de Thaï-Nguyen à Nha-Nam par Mona-Luong et Cau-Ré en trois étapes, deux, si possible.

Il y a intérêt à ce que ces détachements soient arrivés à Nha-Nam pour le 21 courant.

IV. — Les détachements de légionnaires des 1er et 2ᵉ bataillons étrangers réunis à Phu-Lang-Thuong seront placés, dès qu'ils auront été armés et équipés, sous le commandement des officiers avec lesquels ils doivent marcher.

M. le capitaine Mathieu prendra le commandement provisoire de ces différentes fractions, préviendra le colonel commandant à Nha-Nam du moment où elles seront prêtes à marcher et recevra alors des instructions pour leur mise en route et leur destination.

V. — 100 miliciens de la brigade du chemin de fer, sous le commandement d'un garde principal de 1re classe, seront concentrés à Kep pour le 19.

Le commandant de ce détachement recevra en temps utile les instructions pour sa destination ultérieure.

VI. — Chaque détachement de la légion se munira à Phu-Lang-Thuong d'au moins 20 haches, 15 pelles et 15 pioches qui seront achetées par e conseil d'administration au compte des masses de casernement de chaque corps.

Chaque détachement de tirailleurs ou miliciens emportera du poste qu'il occupe tous les outils de cette sorte qu'il pourra trouver.

Tous les hommes, européens et tirailleurs, sans exception, seront munis de coupe-coupe.

VII. — Il ne sera emporté que les cartouches dont les hommes sont réglementairement porteurs. Les réserves de munitions seront constituées sur le théâtre des opérations par les soins du colonel commandant.

VIII. — Chaque homme, européen ou indigène, sera muni d'un complet de toile, d'un complet de flanelle ou de drap et d'une couverture. Les troupes européennes seront en outre pourvues de pansements individuels, à raison d'un par homme si possible.

Les commandants de détachements de légion veilleront surtout au bon état des chaussures avec lesquelles leurs hommes se mettront en route.

Les hommes ne porteront pas le sac. Il sera attribué pour le transport des couvertures un coolie par cinq Européens et un pour six tirailleurs.

IX. — Toute fraction recrutera sur place les coolies nécessaires au transport de son matériel, de ses outils et d'un jours de vivres seulement.

X. — MM. le commandant du cercle de Cho-Moï, le commandant d'armes de Phu-Lang-Thuong, les présidents des conseils d'administration des 1er et 2e bataillons étrangers et l'inspecteur commandant la brigade du chemin de fer, tiendront le colonel commandant la colonne à Nha-Nam au courant des mesures prises pour l'exécution du présent ordre afin que celui-ci puisse parer aux difficultés, s'il vient à s'en présenter.

Nha-Nam, le 12 novembre 1895.

GALLIENI.

Les troupes, étant ainsi complètes pour les opérations du Yen-Thé, sont définitivement organisées en trois colonnes.

ORDRE N° 18.

I. — Dès l'arrivée sur le théâtre des opérations des quatre groupes prévus par l'ordre n° 17, le commandement de l'ensemble des groupes sera réparti de la façon suivante :

1re COLONNE. — Commandant *Hoblingre.*

Groupe Bichemin.
Groupe Domec.
Groupe de Grandmaison.
Groupe Mathieu.

2e COLONNE. — Commandant *Rondony.*

Groupe Tiffon. } Ces deux groupes sous le commande-
Groupe Abel. } ment du capitaine Grimaud.
Groupe Savy.
Groupe Adeline.

3e COLONNE. — Commandant *Roget.*

Groupe Bulleux.
Groupe Berthe.
Groupe Rémond.

II. — Les colonnes seront toujours désignées par leur numéro ainsi fixé; les groupes par les noms de leurs commandants.

Nha-Nam, le 13 novembre 1895.

GALLIENI.

ORDRE N° 19.

I. — Le service médical des colonnes du Yen-Thé sera ainsi définitivement constitué :

Chef du service : médecin-major *Fruitet;*
Colonne du commandant Hoblingre : médecin-major *Cornille;*
—   —   Roget : aide-major *Pourtal;*
—   —   Rondony : aide-major *Porre.*

II. — En attendant l'arrivée de M. l'aide-major Pourtal, attendu de Lang-Son, le médecin-major Cornille continuera à assurer le service de l'ambulance prévue dans le poste de Bo-Ha par l'ordre n° 9. Il rejoindra immédiatement après le Point-A sous les ordres du commandant Hoblingre. Il emportera les quatre cantines médicales dont il était muni, qu'il aura soin de compléter avec les médicaments reçus d'Hanoï il y a huit jours, ainsi que la moitié des vivres légers (*lait, biscuits, bouillon Liebig*), actuellement en réserve à Bo-Ha.

III. — L'aide-major Pourtal, tout en assurant le service de l'ambulance de Bo-Ha, se tiendra prêt à partir au premier signal avec la colonne du commandant Roget. Il sera muni, à cet effet, d'un matériel médical attendu de Phu-Lang-Thuong.

IV. — L'aide-major Porre se tiendra prêt à suivre les mouvements de la colonne du commandant Rondony tout en continuant à assurer le service de l'ambulance de Nha-Nam, conformément à l'ordre n° 9.

V. — Les médecins de Nha-Nam et Bo-Ha ne perdront pas de vue qu'il ne peut exister, en ces points, que des ambulances de passage destinées à éviter aux hommes des fatigues qui pourraient résulter pour eux de l'évacuation directe sur Phu-Lang-Thuong. Ils auront bien soin de n'y garder que les hommes qui, après quelques jours de repos et de soins, pourront reprendre leur service et être utilisés dans les colonnes. Tout malade, dont le traitement exigera une durée de plus de dix jours, devra être immédiatement évacué sur Phu-Lang-Thuong.

VI. — En ce qui concerne les ordres de détail pour les évacuations, on continuera à se conformer à l'ordre n° 9.

Nha-Nam, le 13 novembre 1895.

GALLIENI.

ORDRE N° 26.

I. — Les troupes d'artillerie et du génie actuellement dans le Yen-Thé, seront réparties comme suit :

1re COLONNE. — Capitaine *Barrand.*
2 sections de Lang-Son.
1 pièce de Lang-Met.
1 sergent pontonnier européen.
2 pontonniers européens.
14 indigènes du génie.

2e COLONNE. — Lieutenant *Bianchi.*
1 section de Dap-Cau.
1 caporal pontonnier européen.
3 pontonniers européens.
14 indigènes du génie.

3e COLONNE. — Lieutenant *Batteux.*
1 section de Dap-Cau.
1 sergent pontonnier européen.
3 pontonniers européens.
14 indigènes du génie.

II. — Les détachements du génie marcheront en principe avec l'artillerie ; mais ils pourront, sur l'ordre des commandants des colonnes, être employés partout où besoin sera.

III. — La répartition de ces détachements aura lieu dans la journée du 22 courant.

Nha-Nam, **22** novembre 1895.

GALLIENI.

VII.

RECONNAISSANCES A L'INTÉRIEUR DU TRIANGLE
BO-HA—MO-TRANG—NHA-NAM.

Le 20 novembre, la constitution définitive des trois colonnes permet de sortir de la période d'indécision dans laquelle nous laissait l'ignorance du moment où les hostilités pourraient être commencées contre le dé-tham. Je pus, dès lors, faire connaître à ce chef pirate, conformément aux instructions de M. le gouverneur général, les conditions définitives auxquelles sera reçue sa soumission.

LETTRE DU 21 NOVEMBRE 1895.

J'ai le regret de constater que vos lettres ne répondent pas d'une manière précise à toutes les demandes que je vous adresse. Je vous ai dit, la première fois que je vous ai écrit, que la situation était changée dans le Yen-Thé et qu'il ne faut plus parler, pour le moment, de vos quatre cantons, puisque j'ai reçu l'ordre de les occuper. Je veux bien vous proposer les moyens d'obtenir le pardon du gouvernement du protectorat, mais je désire que vous répondiez d'une manière nette à toutes mes questions. Autrement, je penserai que, comme vous l'avez déjà fait plusieurs fois, vous n'avez aucun désir sincère de vous soumettre et d'obéir aux ordres des autorités françaises.

1° Je vous ai dit que vous deviez tout d'abord évacuer vos forts du Yen-Thé, pour que je puisse les occuper avec mes troupes. Nous verrons ensuite ensemble ce que vous et vos gens pourrez devenir, ou bien créer de nouveaux villages sur d'autres points de la colonie, ou bien prendre du service auprès du protectorat, dans certaines conditions que nous examinerons d'un commun accord. Vous ne m'avez pas répondu sur ce point ;

2° Vous devez rendre vos fusils. Vous ne m'avez pas répondu non plus à ce sujet ;

3° Je vous ai parlé de Doc-Thu et de Linh-Tuc, vous disant que, si vous les punissiez vous-même, vous montreriez ainsi que vous voulez désormais être le fidèle serviteur du protectorat, puisque ce sont ces deux hommes qui vous ont fait le plus de tort et ont gâté toutes les affaires du Yen-Thé. Je vous ai dit que, si vous ne possédiez pas les pouvoirs nécessaires pour les punir vous-même, le gouvernement du protectorat pardonnait à leurs hommes, mais pas à ces deux chefs, et ne voulait pas recevoir leur soumission. Vous ne m'avez pas répondu non plus à ce sujet ;

4° Pour nous permettre d'entrer en relations avec les bandes de Tong-Luan et de Tong-Tru, je vous ai donné un sauf-conduit pour deux de vos hommes jusqu'au 22 inclus. J'attendrai encore jusqu'à ce moment pour recevoir votre réponse à ce sujet. Vos hommes n'ont certainement pas été arrêtés par nos postes, parce que tous étaient prévenus et que, de plus, j'avais télégraphié à MM. les résidents de Bac-Giang et de Thaï-Nguyen, qui avaient aussi donné des ordres partout.

Je vous prie donc de répondre à toutes ces questions. Autrement, je comprendrai que vous n'avez aucune envie de vous soumettre et d'accepter les propositions du protectorat, qui, dans sa bienveillance, veut bien oublier les fautes que vous avez commises, mais désire expressément que les affaires soient réglées cette fois d'une manière définitive dans le Yen-Thé.

GALLIENI.

Au point de vue militaire, les différents groupes commencent à étudier les positions à occuper pour former une deuxième ligne d'investissement, intérieure à la première. Les événements militaires de 1892 et des années postérieures dont cette région du haut Yen-Thé avait été le théâtre, étaient trop récents ; les renseignements que l'on possédait sur les véritables positions des bandes du dé-tham, étaient trop vagues pour que l'on pût se lancer à l'aventure dans les bois ou même procéder à une action offensive dans les mêmes conditions que sur un autre terrain. Je voulais donc m'imposer comme but : 1° de délimiter, aussi exactement que possible, la zone suspecte occupée par les forts pirates ; 2° de les enlever ensuite en cheminant prudemment à travers bois et en empruntant, s'il était nécessaire, les procédés de la guerre de siège.

C'est à atteindre ce double objectif que tendaient les instructions écrites adressées aux commandants des colonnes et des groupes, et les nombreuses conférences que j'eus avec eux.

D'après les renseignements des espions, d'après la terreur

surtout que ressentaient les habitants du pays, quand on les
invitait à servir de guides à nos officiers en reconnaissance, on
pouvait considérer comme suspecte toute la région, comprise
dans le triangle Bo-Ha—Nha-Nam—Mo-Trang. Mais on ne pouvait
apprécier la position exacte des repaires pirates. Le dé-tham en
avait toujours formellement interdit l'approche, et les indigènes
qui pénétraient de ce côté ne revenaient jamais, soit qu'ils fussent conservés comme coolies, soit qu'ils fussent mis à mort
pour ne pas aller divulguer ce qu'ils avaient vu. On savait
vaguement que les ouvrages principaux étaient situés non loin
du Song-Soï, sur la rive droite, mais on n'avait aucune donnée
précise à ce sujet et surtout, comme le terrain était complètement
dépourvu de vues, il était impossible de déterminer des objectifs
à assigner aussi bien à une colonne qu'au tir de l'artillerie.

Du 20 au 28, tous les groupes eurent donc pour mission de
rechercher si le terrain en avant d'eux était libre de pirates et
jusqu'à quelles limites, mais sans s'engager et en essayant de
fixer en avant les points d'appui nouveaux pour une nouvelle
ligne d'investissement, plus rapprochée des ouvrages pirates.

Dans la 1re colonne, qui avait ses quatre groupes sur la ligne
Mo-Trang—Cho-Keï, les groupes de Grandmaison et Mathieu réus-
sissaient, dans leurs reconnaissances des 22, 23, 25 et 27, à s'assurer que la rive gauche du Song-Soï, entre Bo-Ha et la boucle
qui se trouvait au-dessus de Cho-Keï, avait été évacuée par les
avant-postes pirates. Ils parvenaient même à franchir cet arroyo
et, s'ils ne pouvaient voir, ils distinguaient à peu de distance de
la rive droite un rassemblement important, d'après le bruit des
voix et des travaux qui s'exécutaient dans le bois.

Le groupe Domec, parti du Point-A, reconnaissait que l'ancien fort du Dé-Nam était détruit et n'était pas occupé.

Le groupe Bichemin, de Mo-Trang, pouvait, dans plusieurs
reconnaissances successives, parcourir la nouvelle route de Mo-
Trang à Phong-Xuong. Agissant de concert avec le groupe
Domec, il parvenait à fournir cette précieuse indication que le
pays au nord de la ligne Phong-Xuong—Dé-Nam, quoique excessivement difficile et constitué par des forêts presque impénétrables, était également libre de pirates.

La 2e colonne, qui tenait le front Bo-Ha—Nha-Nam, opérait de
même en avant d'elle.

Le 24, le groupe Adeline, de Bo-Ha, pousse ses reconnaissances jusqu'à Lang-Van et Lang-Nua. Il se relie à gauche avec le groupe Mathieu.

Le même jour, le capitaine Grimaud va jusqu'à Phong-Xuong, reconnaît la route de Phong-Xuong à Lang-Leo par Cho-Go et revient par Lang-Nua, parcourant ainsi le terrain qui le sépare du groupe Adeline.

La 3e colonne, qui occupe le front Nha-Nam—Mo-Trang, avec son centre à Dinh-Tep, fait également plusieurs reconnaissances dans le but de reconnaître le terrain en avant de ses positions actuelles et de déterminer, d'une manière aussi exacte que possible, l'emplacement des groupes qui devront former la première ligne, ainsi que les positions d'artillerie à occuper lors de la marche en avant.

Le 24, les groupes Rémond et Berthe reconnaissent tous les sentiers reliant la route Dinh-Tep—Traï-Hop à la route Phong-Xuong—Mo-Trang.

Le groupe Bulleux suit l'itinéraire Phong-Xuong—Mo-Trang —Traï-Hop. Il se rencontre à Yen-Thé avec une reconnaissance de la 1re colonne et reconnaît que la ligne Phong-Xuong—Dinh-Thuong—Dé-Nam formera une bonne liaison entre les deux colonnes. De Dinh-Thuong part un autre sentier vers le sud-est, mais il est suspect et semble conduire à l'un des fortins pirates occupés.

Le 25, une reconnaissance du groupe Berthe suit à nouveau la ligne Phong-Xuong—Dé-Nam et confirme les renseignements donnés à ce sujet.

Le 26 deux nouvelles reconnaissances, l'une vers l'ouest, l'autre vers le sud, permettent de fixer les points de liaison avec les colonnes voisines, ce qui déterminera bien le secteur assigné à la 3e colonne.

Pendant ce temps, les troupes non employées aux reconnaissances sont exercées à la construction de tranchées, à la confection de gabions et de fascines, en prévision des travaux de sape à entreprendre.

La section d'artillerie de la 2e colonne transporte même avec elle des plaques de blindage empruntées à l'une des canonnières.

VIII.

PRÉPARATION DU MOUVEMENT EN AVANT.

ORDRE N° 29.

I. — En prévision du prochain mouvement en avant des différentes colonnes, les dispositions suivantes seront prises au point de vue de leur ravitaillement en vivres et munitions.

II. — En dehors des grands magasins de Bo-Ha et de Nha-Nam, les magasins secondaires devront être installés de manière à contenir : 1° les munitions de réserve, aussi bien d'artillerie que d'infanterie ; 2° quatre jours de vivres de réserve pour le ou les groupes se ravitaillant directement à chacun de ces magasins.

Ces magasins, suivant les ordres déjà donnés, devront être construits en torchis ou palanques, de manière à être à l'abri absolu de l'incendie et à pouvoir être défendus par une faible garnison composée des hommes malingres de chaque groupe.

Les commandants de colonnes donneront les ordres de détail nécessaires pour constituer, au moment voulu, le commandement de ces petits postes, ainsi que le personnel nécessaire à la manutention des vivres et des munitions provenant des magasins principaux ou expédiés aux groupes, parties prenantes.

C'est dans ces magasins secondaires que seront, en général, laissés tous les impedimenta des groupes à portée de ces mêmes groupes.

III. — Les groupes de Grandmaison et Mathieu auront leurs magasins secondaires à Cho-Keï.

Le groupe Domec aura son magasin secondaire au Point-A.

Le commandant de la 1re colonne examinera si, en raison de la position qu'occupera le groupe Bichemin, lors de son mouvement en avant, il ne sera pas utile que ce groupe ait également son magasin secondaire au Point-A. Dans ce cas, le colonel commandant donnerait des instructions pour l'évacuation du magasin secondaire de Mo-Trang et l'occupation provisoire de ce poste par une autre force.

Dans la 2e colonne, le groupe Adeline se ravitaillera directement sur Bo-Ha.

Les groupes Grimaud et Savy se ravitailleront sur Nha-Nam. La réserve de vivres du magasin secondaire de Cau-Ré devra donc être consommée, et, s'il est utile, ce groupe sera désormais ravitaillé au jour le jour par Nha-Nam.

Les groupes de la 3e colonne se ravitailleront sur le magasin secondaire de Dinh-Tep.

IV.— Les magasins principaux de Bo-Ha et de Nha-Nam ravitailleront directement chaque jour les magasins secondaires en viande et complé-teront constamment à quatre jours leurs réserves de vivres.

V. — Les commandants de colonnes et le sous-commissaire chargé du service du ravitaillement prendront toutes les mesures de détail néces-saires pour assurer l'exécution du présent ordre.

Nha-Nam, le 23 novembre 1895.

GALLIENI.

ORDRE Nº 30.

Le colonel commandant appelle encore l'attention des commandants de colonnes et de groupes sur l'impérieuse nécessité de prendre des précautions pour empêcher que, dans ce pays couvert et boisé, nos troupes ne se tirent les unes sur les autres, quand le mouvement en avant les aura portées au contact des positions pirates.

Si un groupe d'une colonne est exposé au feu d'un groupe voisin, il signalera le danger par la sonnerie de « *la Casquette* », précédée de la première phrase du refrain de la colonne, à savoir : pour la 1re colonne, le refrain de la légion ; pour la 2e colonne, le refrain du 9e de marine ; pour la 3e colonne, le refrain du 3e tonkinois.

L'artillerie, s'il était nécessaire, signalerait le même danger par la sonnerie de : « *Cessez le feu!* » de ses troupes.

De plus, dès qu'un groupe ou une troupe quelconque aura pénétré dans l'un des ouvrages de l'ennemi, il fera sonner un rigodon, toujours précédé de la première phrase du refrain de la colonne à laquelle il appartient, afin de faire cesser le feu dirigé contre l'ouvrage.

De cette manière, les commandants de colonnes et de groupes conser-veront ainsi l'usage des sonneries réglementaires de : « *Cessez le feu !* » « *Halte !* » « *En avant !* » etc., suivant les nécessités du moment, dans leurs mouvements sous bois.

Il est donc essentiel que les officiers, sous-officiers et hommes de chaque colonne, européens comme indigènes, connaissent bien les son-neries indiquées ci-dessus. Dès la réception du présent ordre, les clai-rons et trompettes, dans chaque colonne, seront exercés, s'ils ne les connaissent déjà, aux refrains prescrits.

En outre, les commandants de colonnes et de groupes prescriront toutes les mesures de détail complémentaires qu'ils jugeront utiles pour parer aux dangers occasionnés par ces méprises : se relier constamment aux groupes voisins, fixer des points de repaire permettant de déterminer l'emplacement de ces groupes d'après les ordres donnés et les renseigne-ments reçus, assigner à chaque groupe ou colonne des secteurs de tir, faire coucher les hommes à terre ou les placer derrière des abris impro-visés, etc. Enfin, le colonel commandant estime que chaque groupe prendrait une utile précaution, si, dès l'occupation d'une position, il faisait hisser, au sommet de l'arbre le plus élevé, un vaste drapeau blanc se détachant bien sur la végétation environnante et permettant de déterminer l'emplacement de ces groupes.

Les commandants de colonnes feront connaître au colonel commandant les mesures de détail qu'ils auraient ordonnées, en dehors des prescriptions ci-dessus, relatives aux sonneries, et les feront connaître également aux commandants des colonnes voisines.

Nha-Nam, le 24 novembre 1895.

GALLIENI.

Enfin, des mesures étaient prises pour constituer à Bo-Ha une ambulance pouvant contenir au moins 50 blessés. Les sampans d'évacuation étaient tenus prêts pour évacuer d'urgence les blessés sur l'infirmerie-ambulance de Phu-Lang-Thuong.

Chaque homme était d'ailleurs porteur d'un pansement individuel.

Le 28 novembre, les trois colonnes étaient donc prêtes à marcher, ayant reconnu en avant d'elles les nouvelles positions à occuper sur la 2e ligne d'investissement, ainsi que les chemins pour s'y rendre.

Les reconnaissances, faites les jours précédents, avaient montré que les pirates avaient évacué leurs postes avancés de Phong-Xuong, Lang-Léo, Hu-Thué, Lang-Nua et Dé-Nam, et s'étaient retirés dans leurs forts principaux au cœur même des forêts.

Elles avaient pu délimiter comme suit la région boisée, où les pirates avaient élevé leurs forts et leurs principales défenses : rive droite du Song-Soï, de Dé-Nam à Lang-Dinh, sentier de Dé-Nam à Phong-Xuong par la pagode de Dinh-Thuong, chemin de Phong-Xuong à Dong-Dien, sentier de Cho-Go au Song-Soï par Lang-Nua. Ce quadrilatère, complètement couvert de forêts, renfermait, sur des emplacements encore inconnus, les forts et défenses des pirates et, dès que nos troupes y auraient pénétré, elles devaient s'attendre aussitôt aux surprises et embuscades qui y étaient préparées.

Sur les ouvrages des pirates les renseignements étaient toujours très vagues : de nombreux coolies y avaient été employés depuis plusieurs mois; nos reconnaissances n'avaient cessé de percevoir le bruit des travaux qui s'exécutaient à l'intérieur des bois; elles avaient rencontré plusieurs fois de longues files d'individus, chargés de riz et se dirigeant vers les repaires ; le poste de Traï-Hop annonçait que, dans la nuit du 25 au 26, des groupes d'hommes armés, venant de l'extérieur, avaient pu franchir la ligne d'investissement ; ce renseignement était confirmé par le résident de Thaï-Nguyen qui prévenait qu'une bonne partie des bandes de Tong-Luan et de Tong-Tru avait été appelée par le dé-tham et avait rallié le Yen-Thé. Quant à la force des bandes actuellement renfermées dans les repaires, les renseignements variaient entre 200 et 400 hommes, bien décidés à se défendre, suivant la tactique qui leur avait si bien réussi dans les opérations précédentes.

Profitant justement de l'expérience de ces opérations, je pensai que le seul moyen d'éviter des pertes importantes et de forcer en même temps les pirates à évacuer leurs forts, consistait à porter tout mon monde, les onze groupes, sur les nouvelles positions reconnues dans les journées précédentes, de manière à frapper le moral des pirates et surtout à éteindre chez eux toute idée de longue résistance, par la crainte de se voir cernés et coupés de leurs lignes de retraite. En même temps, l'artillerie devait entrer en action aussitôt que possible.

Un dernier ultimatum est donc adressé au dé-tham et, conformément aux instructions de M. le gouverneur général par intérim, trois jours pleins lui sont laissés pour accepter les conditions de soumission qui lui sont faites et dont la première l'oblige à quitter immédiatement ses repaires pour venir se présenter à moi à Nha-Nam avec tout son monde. Le chef pirate est prévenu que, si sa réponse ne m'est pas parvenue le 28 avant le coucher du soleil, les hostilités seront immédiatement ouvertes contre lui. Cette obligation d'adresser un ultimatum au dé-tham et de lui faire connaître le moment de l'ouverture des hostilités, était évidemment fâcheuse au point de vue militaire.

En même temps, l'ordre de mouvement nº 33 est adressé à tous les commandants de colonnes et de groupes, qui sont prévenus, que sauf ordre contraire, transmis par le télégraphe le soir du 28, toutes les troupes se porteront en avant le 29 au matin.

ORDRE Nº 33.

I. *Renseignements sur les bandes du Yen-Thé.* — Le dé-tham et le gros de ses bandes se sont, à la date du 28 novembre, retirés dans l'intérieur des forêts après avoir évacué leurs postes avancés de Phong-Xuong, Lang-Léo, Hu-Thué, Lang-Nua et Dé-Nam.

Les reconnaissances des trois colonnes ont délimité comme suit la région boisée, où les pirates ont élevé leurs forts et leurs principales défenses : rive droite du Song-Soï, de Dé-Nam à Lang-Dinh, le sentier de Dé-Nam à Phong-Xuong à Dong-Dien, le sentier de Cho-Go au Song-Soï par Lang-Nua.

Ce quatrilatère, complètement couvert de forêts, renferme, sur des emplacements encore inconnus, les forts de défenses des pirates et, dès que nos troupes y auront pénétré, elles devront s'attendre aux surprises et embuscades qui y sont préparées.

II. *But des opérations.* — Les trois colonnes, actuellement concentrées dans le Yen-Thé ont pour mission l'enlèvement des forts et défenses établies par le dé-tham dans l'intérieur des forêts et l'expulsion des bandes qui y sont fortifiées.

Dans ce but, elles iront occuper, le 29 novembre au matin, de nouvelles positions sur les côtés du quadrilatère délimité ci-dessus et d'où elles chemineront doucement et progressivement, avec toutes les précautions militaires nécessaires, sur un terrain aussi fourré, pour : 1° déterminer les emplacements exacts des forts pirates ; 2° les enlever successivement, en combinant leur action et en faisant appel, si nécessaire, aux procédés de la guerre de siège.

III. *Positions initiales de chaque colonne.* — La 1re colonne bordera la rive gauche sur Song-Soï entre Dé-Nam et Lang-Dinh, et s'étendra au nord-ouest, le long du sentier de Dé-Nam à Phong-Xuong jusqu'à environ un kilomètre de Dinh-Thuong où elle se reliera à la 3e colonne.

La 2e colonne aura son centre à peu près à mi-chemin de la route de Dong-Dien à Lang-Nua, et se reliera par sa gauche à la droite de la 3e colonne, vers Dong-Dien, et par sa droite à la gauche de la 1re colonne vers Lang-Nua.

La 3e colonne occupera Phong-Xuong avec son groupe de droite, qui se reliera, à droite, vers Dong-Dien, à la 2e colonne; elle se reliera à gauche, avec la 1re colonne, vers Dinh-Thuong, à 1 kilomètre de ce point.

Chaque colonne conservera tout d'abord un groupe en réserve.

L'artillerie de chaque colonne sera placée à portée des groupes de première ligne, de manière à pouvoir entrer rapidement en ligne, dès que les reconnaissances auront pu déterminer avec quelque précision l'emplacement des défenses ennemies.

Les trois colonnes devront être sur leurs nouvelles position le 29 à 8 heures du matin ; elles pousseront aussitôt leurs reconnaissances sur le terrain en avant d'elles.

IV. *Emplacement du colonel commandant et liaison des colonnes.* — Le colonel commandant s'établira, dès le 29 au matin, à Phong-Xuong où lui seront adressés jusqu'à nouvel ordre tous les rapports et communications.

Il sera relié : à la 1re colonne, par un câble aboutissant au réseau circulaire de la pagode Monin et rattaché par le Point-A au point où se tiendra le commandant de cette colonne; à la 2e colonne, par un fil télégraphique jeté directement entre Phong-Xuong et l'emplacement du commandant de cette colonne.

Les commandants de colonnes devront constamment tenir le colonel commandant au courant de tous les mouvements de leurs groupes, des dispositions prises, des divers incidents de l'action; ils agiront de même pour les commandants des colonnes voisines et donneront des instructions conformes à leurs commandants de groupes. Dans un pays aussi couvert que le Yen-Thé, la stricte exécution de ces prescriptions permettra seule d'obtenir la concordance dans les efforts de tous vers un but commun.

V. *Ravitaillement des colonnes.* — Le ravitaillement des diverses colonnes aura lieu, pendant l'action, conformément aux prescriptions de l'ordre n° 29.

Les commandants des colonnes pourront d'ailleurs, s'ils y trouvent des avantages, porter leurs magasins secondaires en avant ou modifier leurs emplacements, à la condition de rendre compte au colonel commandant et de s'entendre à ce sujet avec le sous-commissaire chargé du service administratif de la colonne.

VI. *Postes de secours et évacuations.* — Les postes de secours ou ambulances de la 1re ligne de chaque colonne devront être aussi rapprochés que possible du lieu de l'action.

Les commandants de colonnes prendront leurs mesures pour que les évacuations de ces postes de secours vers les ambulances principales aient lieu aussi rapidement que possible et dans les meilleures conditions.

VII. *Indications générales.* — Les troupes du cercle de Cho-Phong et les partisans Thos du Caï-Kinh, sous les ordres du lieutenant Stauber, au nombre d'environ 500, occupent la région au sud du Song-Rong pour l'interdire, en cas de retraite, aux bandes du Yen-Thé.

La ligne du Song-Thuong, en amont de Bo-Ha jusqu'à Sui-Ganh, est gardée par les forces de milice, les partisans de Doc-Xuyet et ceux du Bang-Bien de Déo-Quan sous les ordres de l'inspecteur Roman.

Le Song-Thuong, en aval de Bo-Ha jusque vers Duc-May, est gardé par les canonnières l'*Arquebuse* et le *Moulun* et leurs embarcations à vapeur.

Les blockhaus de la ligne Nha-Nam—Bo-Ha sont occupés par les partisans du Bang-Ta de Luoc-Ha.

Nha-Nam, le 27 novembre 1895.

GALLIENI.

IX.

MESURES PRISES AUTOUR DU YEN-THÉ : DANS LE CERCLE DE CHO-
PHONG, SUR LE CHEMIN DE FER, SUR LE SONG-THUONG, ETC.

Les renseignements, fournis par les autorités indigènes et les
émissaires ne permettaient guère de fixer d'une manière précise
la direction que devait prendre le dé-tham, au moment où il se
mettrait en retraite. Quant à espérer qu'il nous attendrait dans
ses forts, il n'y fallait pas songer : le terrain était beaucoup trop
couvert et difficile et, comme toujours, on trouverait la place
vide au moment où nos colonnes occuperaient les positions. Au
Tonkin, il est rarement donné aux troupes la satisfaction de voir
leurs adversaires de près, au Yen-Thé, moins que partout ailleurs. D'après le tong-doc de Bac-Ninh, le dé-tham avait l'intention, après avoir résisté suffisamment à nos troupes, de se
retirer dans la direction du Caï-Kinh, au sud du Song-Rong, ou
dans le Bao-Day. Il fallait donc prendre des mesures pour empêcher que les bandes n'allassent créer de nouveaux repaires
dans ces régions. En conséquence, les mesures suivantes étaient
prises : 1º tous les partisans Thos du Caï-Kinh, au nombre de
500 environ, étaient mis à la disposition du commandant du
cercle de Cho-Phong pour occuper la région difficile formée par
l'avant-chaine du Caï-Kinh, entre le Song-Rong et le Yen-Thé;
2º l'inspecteur Roman, commandant la brigade du chemin de
fer, garnissait, avec ses forces de milice, avec la colonne volante
du Doc-Xuyet et les partisans du commandeur de Déo-Quan,
toute la ligne du Song-Thuong, en amont de Bo-Ha jusqu'à Sui-
Ganh; 3º les troupes du secteur de Vu-Nhaï allaient occuper
Hung-Giao, Cao-Son, le col du Déo-Inh et se reliaient aux partisans Thos de Cho-Phong; 4º la ligne ferrée et le Bao-Day restaient occupés par leurs forces ordinaires qui avaient ordre de
redoubler de surveillance et de se relier au cercle de Cho-Phong;
5º les partisans du résident de Bac-Giang remplaçaient nos
troupes sur la ligne Bo-Ha—Nha-Nam; 6º les commandants des
canonnières le *Moulun* et l'*Arquebuse* étaient prévenus de garder
la ligne du Song-Thuong, avec leurs canots à vapeur, de Bo-Ha

à Duc-May. Ce sont ces dispositions que rappelle le paragraphe VII de l'ordre précédent.

X.

MOUVEMENT EN AVANT.

Journée du 29 novembre. — Le mouvement s'exécute conformément aux prescriptions de l'ordre n° 33, avec un ensemble parfait. A 8 heures du matin tous les groupes sont en position et commencent aussitôt leurs marches d'approche à l'intérieur des bois. Les patrouilles d'avant-garde composées d'hommes européens et indigènes, choisis parmi les soldats les plus braves et de bonne volonté, sont forcés de s'ouvrir leur chemin à coups de hache et de coupe-coupe.

Occupation des nouvelles positions et premières marches d'approche. 1re COLONNE. — Le groupe Domec, qui occupe le fort Dé-Nam, se relie par sa droite au groupe Rémond, de la 3e colonne, sur le sentier de Dinh-Thuong.

Le groupe de Grandmaison est échelonné depuis le gué du sentier de Lang-Ngao à Lim-Ru, le long des croupes bordant la rive gauche du Song-Soï, dont il surveille le cours par des patrouilles, jusqu'au contact avec le groupe précédent.

Le groupe Mathieu se relie au groupe de Grandmaison par un petit poste placé sur la rive gauche du Song-Soï et s'étend jusqu'à Lang-Dinh, où il est en relations avec le groupe Adeline, de la 2e colonne.

Le groupe Bichemin qui, dès le 28 au matin, avait quitté Mo-Trang, trop éloigné, était en réserve à l'origine du sentier de Lang-Ngao à Lim-Ru, surveillant le gué et prêt à s'engager sur le sentier dans le cas où la liaison se romprait avec la 3e colonne. Vers 9 h. 30 du matin, ce groupe prenait position sur le gué.

La section de 80mm de montagne Jacquet se tenait avec le groupe de Grandmaison, en arrière.

Les trois pièces du capitaine Barrand étaient portées dès 8 heures du matin sur une hauteur très boisée, qui semblait dominer les retranchements ennemis, à 500 mètres environ, mais sans vues aucunes. Dès le matin, le capitaine Barrand avait fait pratiquer un bon sentier allant du gué du Song-Soï au groupe de Grandmaison.

2ᵉ COLONNE. — La 2ᵉ colonne est formée à 8 h. 15 du matin sur la ligne Cho-Go—Lang-Nua, face au nord, dans l'ordre suivant :

1ʳᵉ *ligne.*
- Les deux groupes Grimaud avec un poste détaché à Dong-Dien pour se relier à la 3ᵉ colonne.
- Le groupe Adeline au nord de Lang-Nua avec un poste à la pagode Vi-Ché et un autre à sa droite pour assurer la liaison avec la 1ʳᵉ colonne.

2ᵉ *ligne..*
- Groupe Savy, en réserve.
- Artillerie.
- Ambulance.

A 9 heures la liaison est établie entre les groupes et les colonnes voisines. La 2ᵉ colonne est déployée sur un front de 1400 mètres.

Le mouvement a commencé de suite; les deux groupes du capitaine Grimaud s'avancent péniblement à travers des bois très épais; le groupe Adeline, qui a devant lui un terrain plus facile, va plus vite.

3ᵉ COLONNE. — Le groupe Bulleux occupe Phong-Xuong et se relie à Dong-Dien à 8 h. 20 avec la 2ᵉ colonne.

Le groupe Rémond, suivant l'itinéraire fort Dé-Zuong—Yen-Thé, occupe la pagode de Dinh-Thuong et se relie à gauche avec le groupe Domec, de la 1ʳᵉ colonne.

Le groupe Berthe et la section de 80ᵐᵐ de montage Batteux sont en réserve en arrière de la pagode de Dinh-Thuong.

Les groupes de 1ʳᵉ ligne commencent aussitôt leurs marches d'approche, d'abord vers l'est, puis vers le sud-est parallèlement au sentier de Lim-Ru.

La réserve se porte de la pagode de Dinh-Thuong au fortin.

Personnellement, je reste à Phong-Xuong, d'où je suis relié aux 2ᵉ et 1ʳᵉ colonnes par un fil télégraphique qui est établi avant midi.

Arrivée au contact des pirates. Combat du groupe de Grand-

maison. 1re COLONNE. — A partir de 8 h. 30 le groupe Domec bat la forêt, entre Dé-Nam et Do-Khua. Il trouve ce dernier point évacué. Mais le terrain est tellement obstrué par des taillis impénétrables que, dans son mouvement en avant, ce groupe perd le contact avec la colonne Roget (3e). Le groupe Domec, dès qu'il a rejoint le Song-Soï, vers 2 heures du soir, se place en réserve au gué.

Le groupe Bichemin se met en même temps en marche pour essayer de se relier à la 3e colonne dont on entend la fusillade et prend comme direction Lim-Ru.

A 3 h. 50 le groupe Bichemin a rejoint la colonne Roget; il se retranche le long du sentier face au sud.

Le groupe de Grandmaison pousse ses patrouilles le long du Song-Soï, mais il doit ralentir son mouvement pour laisser aux groupes précédents le temps d'avancer et d'accomplir leur marche vers Do-Khua. A 2 heures du soir une reconnaissance, dirigée par le capitaine lui-même, aperçoit un ouvrage important; les pirates ouvrent aussitôt une vive fusillade contre la troupe. Le capitaine de Grandmaison maintient énergiquement son monde sous le feu, en s'abritant derrière les arbres; plusieurs linhs-cos Thos sont blessés.

Le groupe Mathieu, qui avait ordre d'aller très lentement, commence son mouvement dès 8 heures du matin, en liaison avec le groupe Adeline, à la droite de la 2e colonne. Il pivote autour de son poste de droite, s'arrête le long d'un petit ruisseau, affluent du Song-Soï, et de là, exécute une série de reconnaissances sur sa gauche et en avant, mais il perd bientôt sa liaison avec le groupe Adeline, dont il est séparé par des mouvements de terrain recouverts d'une végétation inextricable.

Combat du groupe Adeline. 2e COLONNE. — Jusqu'à midi, les deux groupes du capitaine Grimaud gagnent du terrain en avant, toujours gênés par des taillis épais. Le triangle Phong-Xuong—Cho-Go—Lang-Nua est évacué par les petits postes que les pirates y avaient placés. La communication est perdue avec le groupe Adeline sur la droite, d'où, vers 11 heures, on entend une vive fusillade.

Le groupe Adeline arrive à 11 heures au contact des retranchements pirates, après avoir refoulé devant lui les avant-postes ennemis, placés à peu de distance de Lang-Nua. En cheminant, le coupe-coupe à la main, de chaque côté d'une clairière orientée nord-sud et dont l'extrémité nord est occupée par les fortins, les deux groupes de tête, dirigés par le lieutenant Müller et le sous-lieutenant Fijeac, reçoivent à bout portant des feux rapides, dirigés de positions rendues invisibles par l'épaisseur des bois. Sans le savoir, les deux avant-gardes s'étaient heurtées à la face sud du fortin de Baï-Met.

Du côté du lieutenant Müller, le soldat d'infanterie de marine Cosson, les tirailleurs 2. VII. 733, Din-Xuan-Linh, 2. VII. 964, Trin-Van-Trien, tombent morts, le premier frappé de huit balles, les deux autres atteints également de plusieurs projectiles; les deux tirailleurs 2. VII. 967, Dien-Van-Dich, 2. VII. 1026, Pham-Viet-Con, sont grièvement blessés. Au détachement du sous-lieutenant Fijeac, le soldat d'infanterie de marine Chancellay et deux tirailleurs de la 7e compagnie du 2e tonkinois sont également blessés. Suivant leur habitude, les pirates sortent de leurs retranchements pour enlever les morts et les blessés, tandis que les défenseurs du fortin ouvrent un feu nourri et ajusté sur nos fractions de tête. La lutte la plus vive s'engage sur cet étroit espace, battu par les projectiles venant de toutes les directions. Le lieutenant Müller, bien que la première décharge à bout portant lui ait mis cinq hommes hors de combat, réussit, par son sang-froid, à rallier sa section sous un feu des plus violents et à ramener ses blessés dans une lutte corps à corps. Le sergent Soulé, de la 7e compagnie du 2e tonkinois, qui, depuis le début de l'action n'a cessé de se tenir à la tête de ses hommes, se conduit également avec la plus grande bravoure en déchargeant son revolver contre un groupe de pirates et leur arrachant les deux tirailleurs blessés qui allaient tomber entre leurs mains. Le sous-lieutenant Fijeac, de son côté, sauve ses blessés et arrête ses hommes à 100 mètres à peine du fortin et malgré le feu intense dirigé contre eux. Malgré tous les efforts, les trois tués, qui sont tombés au pied même de la palissade du petit ouvrage avancé des pirates, ne peuvent être enlevés.

Suivant les instructions générales reçues, le capitaine Adeline, pour éviter des pertes plus nombreuses, replie son groupe un peu en arrière, prend position à 150 mètres en vue des fortins pirates, s'y fortifie et évacue ses blessés.

Le commandant de la colonne, guidé par le bruit de la fusillade, laisse momentanément l'artillerie et l'ambulance à la pagode Vi-Ché et, avec les groupes Savy et Tiffon, se porte dans la trouée qui s'est produite entre les groupes Grimaud et le groupe Adeline. Le terrain est couvert d'une végétation inextricable. On est complètement sous bois et l'on n'y voit pas à quelques mètres devant soi. De plus, les détonations qui partent dans toutes les directions se répercutent de tous côtés sous bois et ne permettent que difficilement de s'orienter.

Bref, à partir de 2 h. 30 du soir, la situation est la suivante, du côté de la 2ᵉ colonne :

Les deux groupes Grimaud, le groupe Savy et le groupe Adeline sont déployés à droite de la 3ᵉ colonne, face aux positions pirates et à 300 mètres au plus des fortins, toujours cachés par la forêt et une brousse intense. Chaque fois que les pointes d'avant-garde se montrent, elles sont accueillies par un feu violent d'hommes cachés dans les arbres et postés derrière les défenses : petits piquets, triple rangée de palissades, fossés, etc., qui couvrent les fortins. En même temps, le capitaine Jesson, de l'artillerie, fait préparer un épaulement de campagne par la section de 80ᵐᵐ de montagne sur l'emplacement qu'il avait pu reconnaître. Le lieutenant Bianchi, commandant la section, se met en batterie vers 4 heures sous un feu violent des pirates. Les projectiles, qui viennent battre les plaques de blindage dressées aussitôt, ne font aucune victime.

Mais la liaison est complètement perdue avec la 1ʳᵉ colonne, séparée du groupe Adeline par une large trouée, en terrain à peu près impénétrable. La nuit arrive. Ne voulant pas exposer les troupes à des pertes énormes au milieu de ces forêts occupées par des ennemis invisibles, fortement retranchés, tirant à coup sûr et où les divers groupes peuvent se fusiller réciproquement, j'ordonne de rester sur ces positions, de se fortifier pour la nuit derrière des tranchées et abattis et de pratiquer des percées à travers bois dans la direction de l'ennemi. Le groupe Adeline n'a terminé ses abris qu'à 11 heures du soir.

Combat du groupe Rémond. 3ᵉ COLONNE. — Les groupes de 1ʳᵉ ligne ont commencé leurs marches d'approche vers 8 h. 30, en marchant d'abord vers l'est, puis vers l'est-est-sud. On est en plein bois et l'on ne peut avancer qu'à la hache et au coupe-coupe.

Vers 10 h. 30, les patrouilles de tête du groupe Rémond sont reçues par une vive fusillade. Elles se sont heurtées, à 800 mètres à l'est de l'embranchement du sentier de Lim-Ru, aux avancées d'un ouvrage qui, d'après les renseignements donnés par un espion du dé-tham fait prisonnier le matin, doit être le fortin couvrant le fort principal de Baï-Met au nord-ouest. Le sergent de tirailleurs 3. VII. 484, Nguyen-Van-Quan, est blessé de trois balles à la jambe; le tirailleur 3. VII. 745, Pham-Van-Naï, est blessé de deux balles également à la jambe. Un vif combat s'engage autour des blessés. Les pirates, sortant des taillis, cherchent à emmener les hommes tombés et à prendre leurs armes et leurs cartouches. Le capitaine Rémond maintient tout son monde sous le feu et dirige l'action avec le plus grand sang-froid, en s'exposant lui-même aux premiers rangs pour donner l'exemple à ses tirailleurs; le lieutenant Delpont, du 2e bataillon étranger, le sergent Trapet, du 3e tonkinois, le secondent énergiquement. Le sergent indigène Nguyen-Dinh-Xuyen va sous le feu relever le tirailleur blessé et son fusil; le tirailleur Dang-Chi va également, sous un feu très vif, chercher le sergent indigène grièvement blessé, ainsi que son arme et ses munitions.

Les patrouilles continuent en même temps d'avancer. Plusieurs pirates tombent et le cadavre de l'un d'eux est entraîné sous bois par ses camarades. On trouve sur le terrain de nombreuses cartouches 1886, 200 environ.

La section Wemel, du groupe Rémond, est portée en renfort.

Le lieutenant Batteux, commandant la section de 80mm de montagne attachée à la 3e colonne, va reconnaître avec la section du génie et le lieutenant Darnault, commandant le soutien, une position pour l'artillerie. Cette reconnaissance a lieu sous un feu très vif; le sergent du génie Girard et le sergent du génie Tram-Van-Hoan se distinguent par leur intrépidité et leur sang-froid.

La position de l'ouvrage est repérée, autant qu'il est possible, par le lieutenant Vanvaetermeulen, d'après les indications du prisonnier et celles du chef de patrouille. Même en montant sur les arbres les plus élevés, les officiers et soldats, désignés comme observateurs, bien que salués chaque fois par de nombreuses décharges, ne peuvent rien apercevoir.

A 1 h. 30, le commandant de la section ouvre le feu, l'ouvrage étant complètement dissimulé aux vues. Des cris partant des fortins pirates semblent dénoter que le tir est efficace. Malheureusement, la fusée du dernier obus, débouchée à zéro, n'ayant pas fonctionné, l'obus tombe à plus de 700 mètres de la position occupée, et la sonnerie de *la Casquette* se fait aussitôt entendre dans la direction de la 1re colonne.

Le commandant de la 3e colonne, perplexe, fait suspendre le tir et envoie des patrouilles dans la direction du fortin. L'une d'elles reçoit une nouvelle décharge et se replie, mais un observateur, placé sur un arbre, a pu voir la fumée produite par la fusillade, et la position du fortin est définitivement repérée. Le feu d'artillerie est repris; trois obus à mitraille sont tirés, sans que les points de chute puissent être observés, mais de nouveaux cris semblent prouver que le tir est efficace.

Une nouvelle reconnaissance est envoyée sur la position et est accueillie comme les précédentes par une fusillade nourrie. Le tirailleur 3.VII.830, Lé-Ngoc-Thin, est blessé. La bonne contenance de nos hommes empêche les pirates de l'enlever; l'un de ces dernier tombe blessé et est entraîné aussitôt. Il est alors 2 h. 40 du soir.

De nouvelles sonneries de *la Casquette* se font entendre. Les divers groupes de la colonne restent sur place et se fortifient.

Vers la gauche, la liaison s'est perdue avec la 1re colonne.

Chaque groupe commence des travaux de cheminement pour arriver à couronner l'ouvrage pirate et à déterminer l'emplacement du fort principal. Les sapeurs, canonniers et légionnaires employés à ce travail reçoivent de nombreux coups de feu de la direction indiquée par le prisonnier, mais l'opération continue, tandis que les hommes de la réserve font des gabions et des fascines.

A 4 h. 30, le groupe Rémond est relié au groupe Bichemin, de la 1re colonne. La liaison existe aussi avec la 2e colonne à droite.

A 5 h. 30, la colonne est couverte par une ligne de tranchées-abris; mais la nuit arrive, augmentée encore par l'épaisseur de la forêt et les dispositions sont prises pour repousser toute attaque.

Nuit du 29 au 30 novembre. — Tenu toute la journée au courant des mouvements des colonnes, sauf de la 1ʳᵉ — (la communication électrique avait été coupée de 10 heures du matin à 5 heures du soir, et les trams envoyés n'avaient pu parvenir à Phong-Xuong) — j'avais prescrit aux différents groupes de se retrancher sur leurs positions pour la nuit, de repousser à la baïonnette tout mouvement offensif des pirates, et de continuer, si possible, les percées dans la direction des fortins pirates. Le jour était trop avancé au moment où je fus informé de la position exacte des fortins pirates, pour tenter une attaque d'ensemble contre ceux-ci. Comme en 1891 et 1892, d'énormes pertes auraient suivi toute tentative contre l'amas de fortifications qui précédaient et entouraient ces ouvrages. J'avais d'ailleurs reçu des instructions précises pour éviter ces pertes et me borner à contraindre les pirates à l'évacuation de leurs forts.

Situation des diverses colonnes, le 29 dans la nuit. 1ʳᵉ COLONNE. — Les quatre groupes sont échelonnés pour la nuit sur le sentier de Lang-Ngao à Lim-Ru et le long du Song-Soï, sur la rive droite duquel plusieurs fractions ont passé.

L'artillerie est en réserve, sur les positions préparées dans la journée et avec de larges percées ouvertes devant elles.

La liaison est complètement perdue avec la droite de la 2ᵉ colonne.

Aucun incident n'est à signaler, pendant la nuit, à la 1ʳᵉ colonne.

2ᵉ COLONNE. — Les quatre groupes de la colonne passent la nuit, presque à se toucher, dans les tranchées qui ont été exécutées le jour.

Les pirates envoient, à diverses reprises, des feux de salve sur plusieurs points de la ligne. Quelques-uns d'entre eux viennent jusqu'à nos sentinelles, placées à quelques pas des tranchées et qui donnent aussitôt l'éveil.

Le matin, vers 5 heures, les patrouilles pirates deviennent plus nombreuses et semblent chercher les solutions de continuité qui se trouvent sur notre ligne. C'est ainsi qu'elles se heurtent à l'extrême droite au groupe Adeline. Le sous-lieutenant Fijeac les reçoit à coups de fusil, tirés un peu au hasard à cause de l'obscurité. Ce même groupe essaye, mais vainement, de s'étendre vers sa droite pour reprendre le contact avec la 1re colonne. Les mamelons et ravins boisés qui sont de ce côté rendent ces tentatives infructueuses.

3e COLONNE. — Aucun incident à signaler, sauf quelques feux de salve, tirés à 9 heures du soir et 4 heures du matin, contre les groupes Rémond et Bulleux, par les pirates qui viennent injurier nos officiers, incitant les tirailleurs à déserter, mettant les têtes des Européens à prix et les menaçant de les tuer tous le lendemain. Personne ne se laisse émouvoir par ces vaines bravades et l'on n'a qu'une crainte, c'est que les pirates ne profitent de l'obscurité pour s'enfuir.

XI.

JOURNÉE DU 30 NOVEMBRE. — ÉVACUATION DES FORTS PIRATES. — FUITE DU DÉ-THAM.

Dans la soirée du 29, l'ordre de mouvement suivant avait été envoyé aux troupes pour le lendemain.

ORDRE N° 34.

I. — Les reconnaissances et engagements des 2e et 3e colonnes, dans la journée du 29, ont permis de déterminer l'existence de deux fortins où les pirates se sont fortement retranchés : l'un, situé sur le chemin de Dinh-Thuong à Lim-Ru; l'autre, à l'ouest de Lo-Coï.

II. — La 3e colonne s'est arrêtée dans son mouvement en avant en face du premier. Elle se relie par sa droite à la 2e colonne dont le groupe Adeline s'est arrêté en face du second.

La 1re colonne est en liaison par sa droite (groupe Bichemin) avec la 3e colonne; mais, par suite des difficultés du terrain, elle a perdu le contact à gauche avec la 2e colonne, et il existe, entre ces deux colonnes, une trouée que la nuit et la végétation inextricable ne permettent pas de combler.

D'autre part, les sections d'artillerie de chaque colonne ont repéré leur tir, autant qu'il est possible avec le terrain privé de vues, et sont prêtes à ouvrir le feu. Mais la proximité des colonnes ne permet plus d'agir simultanément et fait craindre que le tir, s'il est repris par tout le monde à la fois, ne vienne gêner les troupes voisines.

III. — Le colonel commandant les colonnes se trouvera, dès le point du jour, au point de liaison des 2e et 3e colonnes, au sud du chemin de Dinh-Thuong à Lim-Ru et donnera ses ordres pour l'attaque.

Avant son arrivée, les commandants de colonnes auront fait continuer les travaux d'approche et de débroussaillement nécessaires, envoyé des reconnaissances et réuni le plus de renseignements.

IV. — L'attaque sera faite par les 2e et 3e colonnes et le groupe Bichemin, de la 1re. Le reste de la 1re colonne s'établira sur la ligne du Song-Soï, en position défensive, de manière à en interdire les approches.

Le commandant de cette colonne fera connaître, dès ce soir, au colonel l'emplacement exact de son artillerie, afin qu'il puisse l'utiliser au besoin.

Il devra faire tous ses efforts pour reprendre, dès le point du jour, la liaison avec la 2e colonne. Les trois groupes de la 1re colonne qui seront en formation d'attaque, se défileront derrière les accidents de terrain, de manière à ne pas être exposés au feu de l'artillerie des colonnes chargées de l'enlèvement des fortins.

V. — Les différents groupes devront veiller toute la nuit, les pirates devant nécessairement essayer de s'échapper par l'obscurité.

Les mouvements offensifs de l'ennemi seront repoussés à la baïonnette. Il est expressément défendu de tirer un coup de fusil la nuit.

Phong-Xuong, 29 novembre, 9 heures du soir.

GALLIENI.

Le 30, dès mon arrivée à Lim-Ru, sur l'emplacement de la section de 80mm de montagne Batteux, je convoque les trois commandants de colonnes, vers 6 h. 30 du matin. Je leur confirme mes ordres de la veille au soir, en recommandant d'une manière toute spéciale au commandant de la 1re colonne de reprendre, dès qu'il sera possible, sa liaison avec la 2e colonne. Le terrain qui sépare ces deux colonnes est excessivement boisé et tourmenté et il servira naturellement de ligne de retraite aux pirates. Les 2e et 3e colonnes étant chargées de l'attaque, sont renforcées par trois pièces de la 1re colonne, sous les ordres du capitaine Barrand.

A la 1re colonne, le groupe Mathieu oblique donc vers la gauche et se fraye à grand'peine un chemin à travers les taillis, les fondrières et les bas-fonds de ce terrain, rendu marécageux par le voisinage du Song-Soï. Le groupe Mathieu trouve, à 9 heures du matin, l'ouvrage avancé de Lo-Coï évacué. Il reprend le contact, à 9 h. 30, avec la 2e colonne ; mais, en même temps, il le reperd avec le groupe de Grandmaison. Dans ce terrain boisé et couvert, le contact ne se peut obtenir qu'à la condition de se toucher les uns les autres.

Aucun indice ne décelant encore que les repaires sont évacués, la section d'artillerie Bianchi, de la 2ᵉ colonne, tire cinq obus à mitraille sur le fort de Baï-Met, repéré la veille au soir ; les deux derniers, ainsi qu'il est constaté ensuite, ont atteint le terre-plein du fort et l'un d'eux a pénétré par le toit dans la principale case, celle du dé-tham, dans laquelle on a trouvé sa correspondance et de nombreux objets lui appartenant.

A 10 h. 30, la 2ᵉ colonne, ayant quatre groupes en première ligne et un groupe de la 1ʳᵉ colonne en réserve, se lance sur les fortins, qui sont trouvés évacués.

Tous les bois sont fouillés dans un rayon de deux kilomètres et demie.

A la 3ᵉ colonne, les travaux d'approche commencent dès le matin, quand l'obscurité s'est dissipée. On utilise dans ce but les gabions, qui sont roulés, après avoir été remplis au préalable de rondins et de branches d'arbres, ainsi que des sacs à riz remplis de terre. Le lieutenant d'artillerie Batteux recherche une deuxième place d'armes, en cheminant dans les boyaux ainsi établis pour pouvoir exécuter un tir en brèche sur le fortin de Lim-Ru et l'ouvrage principal de Baï-Met.

Les travailleurs, protégés par une section de tirailleurs, ne sont pas inquiétés.

Le tir de l'artillerie recommence à 9 h. 45 et cesse à 10 heures ; les forts pirates restent silencieux. La marche des patrouilles de combat des groupes Bulleux et Rémond est reprise immédiatement après. Les patrouilles pénètrent dans les deux forts, qu'elles trouvent inoccupés. Il est, à ce moment, 11 heures du matin.

Les repaires sont incendiés ; les défenses, telles que palissades, abattis, etc., sont détruites.

Les bois voisins sont fouillés.

Le dé-tham et ses bandes, se voyant entourés partout et comprenant qu'ils ne pourraient plus s'échapper, s'ils résistaient seulement quelques heures de plus, s'étaient enfuis, le matin, vers 5 heures, par la trouée qui s'étendait entre la 1ʳᵉ et la 2ᵉ colonnes. On trouvait sur le terrain de nombreuses traces de fuite précipitée : cartouches, correspondance du dé-tham, gros approvisionnements de riz, etc. La fuite avait eu lieu par petits groupes, se faufilant à travers les épais taillis du terrain s'étendant entre le Song-Soï et la pagode Vi-Ché. On ne pouvait suivre les traces de la retraite que jusque vers Lang-Van. D'ailleurs, une fois parvenus dans les plaines, les pirates étaient hors d'atteinte, leurs intelligences avec tous les villages environnants leur permettant de se dissimuler isolément, après avoir caché leurs armes.

En somme, en tenant compte de la rude expérience que nous avions déjà faite dans cette même région du Yen-Thé pendant les opérations précédentes, on ne pouvait guère espérer obtenir une meilleure solution. Nos pertes ne s'élevaient qu'à : 1 soldat d'infanterie de marine tué, 2 tirailleurs tués, 1 soldat d'infanterie de marine blessé, 6 tirailleurs et plusieurs linhs-cos blessés. Les fortins étaient pris et les bandes étaient dispersées. D'ailleurs, bien qu'aucun cadavre ne fût trouvé dans les ouvrages pirates, les recherches faites dans les journées du 1er et du 2 décembre, ainsi que les renseignements fournis par les prisonniers ramassés dans les bois, permettent d'évaluer à 15 environ le nombre des tués, parmi nos adversaires. Le 1er décembre, une patrouille d'infanterie de marine découvrit dans les bois, dans l'intervalle entre les forts Baï-Met et Lim-Ru, treize tombes fraîchement creusées. L'une d'elles fut ouverte et l'on déterra le corps d'un pirate, habillé de caki, portant encore sur lui les traces d'un éclat d'obus qui avait dû occasionner la mort. Le prisonnier, qui servait de guide à la patrouille et qui avait été arrêté la nuit précédente dans la forêt près de Lang-Nua, apprit que les autres tombes renfermaient également les cadavres des pirates, qui avaient été tués le 29 par nos obus et nos feux de salve. D'autre part, un autre prisonnier, fait le lendemain, rendait compte que plusieurs autres pirates, blessés grièvement, étaient morts et leurs cadavres emportés par les pirates. Enfin, les patrouilles de pointe du groupe Rémond avaient vu très distinctement tomber plusieurs pirates, entraînés aussitôt par leurs camarades.

Les trois colonnes passèrent la nuit du 30 sur leurs positions. Le lendemain et le surlendemain elles furent employées à fouiller méthodiquement les épaisses forêts comprises dans le triangle

Cho-Keï—Dinh-Tep—Mo-Trang, pour rechercher les fugitifs encore cachés dans les bois. Le terrain fut divisé en secteurs; chacun d'eux était attribué à un groupe. On trouva de nombreux dépôts de vivres, mais pas d'autre cadavre.

De plus, pour être bien certain que les forêts étaient purgées de leurs hôtes, le résident de Bac-Giang, le tong-doc de Bac-Ninh et 300 partisans de cette province entrèrent également dans les bois pendant les journées des 3, 4 et 5 décembre et fouillèrent minutieusement tout le terrain. Plusieurs prises importantes furent faites, tant par nos patrouilles que par les partisans : la femme et la fille du premier lan-binh du dé-tham, cinq pirates de la bande même de ce chef, le 3 décembre; trois autres pirates le 4, parmi lesquels le nommé Dien, l'un des hommes de confiance du dé-tham, et propre frère de Linh-Tuc, l'auteur du massacre de Phu-Liem, etc. De plus, pendant plusieurs jours, des indigènes isolés ou par petits groupes se présentèrent, soit à Nha-Nam, soit à la résidence de Bac-Giang, pour rendre leurs armes et faire leur soumission.

XII.

POURSUITE DES BANDES ET DISLOCATION DES COLONNES.

Ordre nº 37.

I. — Les renseignements de plusieurs émissaires et prisonniers disent que le dé-tham, avec une fraction importante de sa bande, se serait retiré dans les bois, près de Quinh-Dong, au sud-ouest de Mona-Luong.

II. — La 3ᵉ colonne, le groupe Bichemin à Mo-Trang, la garnison de Mona-Luong, les troupes et forces auxiliaires du secteur de Vu-Nhaï et les troupes et partisans du cercle de Cho-Phong se mettront en mouvement dans la journée du 25 décembre et dans la nuit du 25 au 26 décembre, pour participer à une action combinée, sous la direction du commandant Roget, ayant pour but d'enlever le repaire de Quinh-Dong s'il existe, et de chasser les bandes du dé-tham qui s'y trouvent encore.

III. — Pour cette opération, le commandant de la 3ᵉ colonne donnera ses ordres et instructions directement à toutes les troupes et forces indiquées ci-dessus.

Il aura, de plus, sous ses ordres, la direction de la pièce de 80ᵐᵐ de montagne du lieutenant Jacquet, qui sera jusqu'à nouvel ordre attachée à sa colonne.

Il fera évacuer les postes de Dinh-Tep et de Mo-Trang et ne laissera à Phong-Xuong que la garnison nécessaire pour tenir le poste jusqu'à l'arrivée de sa garnison définitive, formée par un peloton de la 7ᵉ compagnie du 10ᵉ de marine, qui sera à Phong-Xuong aujourd'hui, vers 4 heures du soir.

IV. — La 3ᵉ colonne se ravitaillera, à compter du 6 au matin, directement sur Nha-Nam.

Elle laissera provisoirement sa réserve de cartouches à Phong-Xuong.

Nha-Nam, 5 décembre 1895.

GALLIENI.

La colonne fouille toute la région forestière aux environs de Mona-Luong, s'empare des habitants de Quinh-Dong, affiliés au dé-tham. Le groupe Bulleux, par une marche rapide, arrive sur un repaire, où étaient cachés un certain nombre de femmes du dé-tham, sous la protection d'une vingtaine de fusils. On ne peut s'emparer que de trois femmes. Les difficultés du pays empêchent de poursuivre les fuyards.

Le 11 décembre, les trois colonnes du Yen-Thé sont disloquées conformément aux prescriptions de l'ordre nº 41, ci-dessous, qui tient compte de la nécessité de former avec les mêmes troupes deux nouvelles colonnes, l'une destinée à opérer vers le Tam-Dao, à la poursuite de Tong-Tru, puis vers la haute rivière Claire, l'autre vers le Dong-Trieu.

ORDRE Nº 41.

I. — Conformément aux ordres du général commandant en chef, les colonnes ayant pris part aux opérations du Yen-Thé sont disloquées à compter du 11 décembre.

II. — Les troupes qui les composaient, constitueront : 1º les garnisons destinées à occuper les nouveaux postes du Yen-Thé; 2º la colonne, dite du Dong-Trieu, qui sera mise, à Lam, à la disposition du lieutenant-colonel Riou, pour aller opérer dans cette région; 3º la colonne dite du Nord, ayant pour objectifs le Tam-Dao, puis la haute rivière Claire.

III. — Les garnisons des nouveaux postes du Yen-Thé, seront constituées conformément aux prescriptions des ordres nᵒˢ 37 et 39 (ce dernier ci-après).

Ces troupes seront mises immédiatement à la disposition du commandant du cercle du Yen-Thé.

IV. — La colonne du Dong-Trieu sera composée comme suit : 1° groupe Bichemin (constitué tel qu'il est) ; 2° groupe Savy, comprenant l'ancien groupe Domec, dans lequel le peloton de tirailleurs Fenard sera remplacé par le peloton de tirailleurs Letord ; 3° section de 80ᵐᵐ de montagne Batteux, avec la section du génie qui y est attachée.

V. — La colonne du Nord, placée sous le commandement du commandant Roget, ayant pour adjoint le capitaine Jesson, de l'artillerie (état-major), comprendra :

1° Le groupe Bulleux (constitué tel qu'il est) ;

2° Le groupe Gadel (constitué tel qu'il est) ;

3° Le groupe Domec, comprenant l'ancien groupe Berthe, dans lequel le peloton de tirailleurs Darnault est remplacé par le peloton de tirailleurs Fenard ;

4° La section de 80ᵐᵐ de montagne Jacquet, avec la section du génie qui y est attachée ;

5° Le médecin de 2ᵉ classe Pourtal, avec son personnel et matériel d'ambulance.

VI. — Les éléments non compris dans les formations ci-dessus recevront des ordres de détail du colonel commandant pour rejoindre leurs lieux de destination.

VII. — Tous les groupes, sauf ceux constituant la colonne du Nord, recevront leurs réserves de cartouches aux poudrières de Bo-Ha, Nha-Nam et Phong-Xuong, pour constituer les réserves de munitions des nouveaux postes du Yen-Thé.

VIII. — Les médecins des diverses colonnes verseront entre les mains du médecin-major Fruitet les médicaments qui leur étaient confiés pour les besoins des colonnes. Ces médicaments sont destinés à constituer les dépôts des nouveaux postes du Yen-Thé.

Exception est faite à ce sujet pour la 3ᵉ colonne, qui conservera son ambulance toute organisée pour être attachée à la colonne du Nord.

IX. — La situation administrative des coolies des différents groupes devra être liquidée à la date du 11 courant, au titre des opérations du Yen-Thé.

X. — Les commandants de colonne, le sous-commissaire chargé du service administratif des groupes d'opération et le médecin chargé du service de santé prendront toutes les mesures de détail nécessaires pour assurer l'exécution du présent ordre.

Nha-Nam, 10 décembre 1895.

GALLIENI.

XIII.

OCCUPATION DU YEN-THÉ.

Le Yen-Thé étant débarrassé des pirates qui l'occupaient et en avaient fait leur principale place d'armes pour aller, de là, piller dans les provinces de Bac-Ninh, Thaï-Nguyen, Bac-Giang et Luc-Nam et pour menacer la ligne de chemin de fer, il fallait l'occuper de manière à en rendre le séjour désormais intenable aux bandes qui, sans cette précaution, se seraient empressées de s'y installer à nouveau.

Les postes, occupés en 1894 par nos troupes avant la remise du pays à l'autorité civile, étaient : Bo-Ha, Nha-Nam, Mo-Trang, Mona-Luong et le Point-A. Ces postes formaient une ceinture autour des forêts du Yen-Thé, et, s'ils surveillaient les principaux débouchés venant de l'extérieur, ils ne permettaient pas de tenir le cœur même de cette région si boisée et si couverte. Je demandai donc que l'occupation du Yen-Thé eût lieu conformément aux principes suivants :

Un cercle spécial du Yen-Thé serait créé sous les ordres d'un officier supérieur, ayant en même temps sous sa direction le cercle de Cho-Phong, le secteur de Van-Linh et les postes de l'ancien groupe de Lam, ce qui mettrait sous un même commandement les régions servant ordinairement d'abris aux bandes pirates pourchassées et bordant le chemin de fer, entre Than-Moï et Kep, dans sa partie la plus dangereuse.

En outre des anciens postes, qui étaient occupés, une forte garnison, comprenant notamment de l'artillerie toujours prête à marcher, serait installée à Phong-Xuong, dans l'ancienne résidence du dé-tham, au centre même des forêts.

De larges percées seraient pratiquées à travers bois, pour permettre de parcourir constamment le pays et restreindre les refuges des pirates. Ces percées devaient être faites suivant les directions principales : Dinh-Tep—Phong-Xuong ; Cho-Keï—Bo-Ha — Pagode Vi-Ché—Phong-Xuong ; Luoc-Ha—Lang-Nua — Phong-Xuong.

Une centaine de partisans au moins, commandés par un chef

énergique connaissant le pays, devaient seconder le commandant du cercle dans sa tâche.

Des communications électriques devaient permettre à tous les postes de communiquer rapidement entre eux.

Ces propositions furent admises par le général commandant en chef, et les garnisons des nouveaux postes furent composées conformément aux ordres ci-après.

Ordre nᵒ 36.

I. — Conformément aux ordres du général commandant en chef, le Yen-Thé, joint à l'ancien cercle de Cho-Phong, au secteur de Van-Linh et au groupe de Lam, constituera un nouveau cercle, sous le commandement du commandant Rondony, et dénommé cercle du Yen-Thé.

II. — Les troupes destinées à tenir garnison dans le cercle du Yen-Thé, comprendront :

        7ᵉ compagnie du 10ᵉ de marine ;
        5ᵉ compagnie du 10ᵉ de marine ;
        1 peloton de la 6ᵉ compagnie du 9ᵉ de marine ;
        5ᵉ compagnie du 2ᵉ tonkinois ;
        7ᵉ compagnie du 2ᵉ tonkinois ;
        8ᵉ compagnie du 2ᵉ tonkinois ;
        1 section de la 7ᵉ compagnie du 3ᵉ tonkinois ;
        1 section d'artillerie de la 3ᵉ batterie.

III. — Les commandants des cercles de Cho-Moï et du Yen-Thé donneront, conformément aux indications du colonel commandant, les ordres de détail nécessaires pour la mise en route des troupes destinées à constituer les garnisons des postes du nouveau cercle.

Nha-Nam, 4 décembre 1893.

GALLIENI.

Ordre nᵒ 39.

I. — Le commandant du cercle du Yen-Thé prendra immédiatement toutes les mesures nécessaires à l'occupation du pays et interdira l'entrée et le séjour au dé-tham et à sa bande.

Il aura à sa disposition, à cet effet, les troupes énumérées dans l'ordre nᵒ 36, ainsi que le Bang-Ta de Luoc-Ha, avec 100 partisans.

II. — Les postes nouvellement créés, ainsi que leurs garnisons, sont indiqués ci-dessous :

POSTES.	GARNISONS.	MAGASINS.	OBSERVATIONS.
Phong-Xuong.	1 peloton d'infanterie de marine (1)...... 1 section 80ᵐᵐ de montagne (1) .... 1 section du génie.....	Magasin secondaire.	(1) 7ᵉ comp. du 10ᵉ régiment avec le capitaine, y compris 12 mulets, 6 voitures Lefebvre et 100 coolies permanents pour le service des pièces.
Cho-Keï.....	1 peloton de tirailleurs (2)...........	»	(2) 7ᵉ comp. du 2ᵉ tonkinois avec le capitaine. Ce peloton détachera une demi-section à Mo-Trang.
Bo-Ha.......	1 section d'infanterie de marine .... Demi-section de tirailleurs.............	Magasin principal.	
Nha-Nam. ...	1 section d'infanterie de marine .... 1 section de tirailleurs (3)...........	Magasin secondaire.	(3) Détachera demi-section de tirailleurs à Cau-Ré.
Mo-Trang....	Demi-section de tirailleurs.............	»	
Cau-Ré......	Demi-section de tirailleurs (4)	»	(4) Détachement de 20 hommes à Phuc-Dinh, 20 hommes à Luoc-Ha et 15 hommes à Lang-Léo.
Pagode Vi-Ché.	Tous les partisans avec un sergent........	»	

III. — Les postes nouvellement créés seront ravitaillés jusqu'au 1ᵉʳ avril en ce qui concerne les rationnaires européens, et ils recevront simplement une réserve de riz de dix jours pour les rationnaires indigènes.

IV. — Les réserves de cartouches des nouveaux postes seront constituées au moyen des réserves des colonnes.

Les munitions d'artillerie comprendront l'approvisionnement de la section du lieutenant Bianchi.

V. — Le médecin-major Fruitet constituera, avec les ressources disponibles de la colonne, les réserves de médicaments des nouveaux postes ; si ces ressources ne suffisent pas, le commandant du cercle adressera des demandes régulières au service de santé pour avoir le complément.

VI. — Un service régulier de trams, au nombre de huit, sera organisé immédiatement pour assurer le service postal des nouveaux postes.

Les nouveaux postes de Bo-Ha, de Nha-Nam, de Phong-Xuong et de Cho-Keï seront reliés entre eux par une ligne télégraphique.

Gallieni.   10

VII. — Le commandant du cercle du Yen-Thé, le sous-commissaire chargé du service du ravitaillement de la colonne et le médecin chef du service de santé prendront toutes les mesures de détail nécessaires pour l'exécution du présent ordre.

GALLIENI.

XIV.

CONCLUSIONS.

Le dé-tham a dû encore une fois évacuer précipitamment ses forts du Yen-Thé. Ses bandes se sont dispersées dans toutes les directions; les rassemblements de quelque importance qui avaient été signalés du côté de Tam-Dao et du Dong-Trieu, ont évacué leurs repaires devant notre artillerie. Le chef du Yen-Thé lui-même est signalé comme errant, avec quelques partisans seulement, sans ressources, sans vivres, autour du territoire de Luong-Tam-Ky. Chaque jour, des pirates viennent se rendre par groupes isolés à Phu-Lang-Thuong, Bac-Ninh ou Nha-Nam, apportant leurs armes et demandant à renoncer à la piraterie. L'évacuation des fortins et des forêts du Yen-Thé a été rapide, si on la compare aux suites des opérations précédentes dans la même région. Cette prompte évacuation, qui rappelle les résultats déjà obtenus à Lung-Lat et à Ké-Thuong, doit être attribuée à l'investissement complet de la région et des fortins, et on trouve là, encore une fois de plus, la favorable application du système des colonnes convergentes et opérant simultanément. On peut dire aussi que la vigueur avec laquelle a été menée l'attaque des colonnes par leurs commandants a beaucoup facilité ce résultat. Maintenant que nos troupes ont fait leur œuvre dans les forêts du Yen-Thé et que le prestige du dé-tham est abattu aux yeux des populations, qui ont vu, non sans étonnement, ces bandes si redoutées se disperser en peu d'heures devant notre attaque, la pacification suivra dans cette région, comme tant d'autres, son cours naturel. Le centre d'action de la piraterie étant détruit, celle-ci s'éteindra si nous persistons à lui fermer ses refuges habituels, à rendre difficile son ravitaillement et s'il reste démontré pour elle que mieux vaut déposer ses fusils et reprendre le travail des rizières que de continuer à pratiquer des pillages devenant de moins en moins fructueux, parmi des populations de plus en plus gagnées à notre influence et à notre autorité. L'expérience des trois dernières années peut et doit, à ce point de vue, nous fournir des leçons qui nous permettront, cette fois, d'en finir avec cette éternelle question du Yen-Thé et de ramener définitivement la pacification dans ces riches régions.

CONCLUSIONS

Je voudrais présenter ici quelques conclusions essentiellement pratiques, tirées de l'expérience des trois colonnes dont j'ai exposé le détail. Je ne reviendrai pas sur les questions tactiques dont chacune de mes instructions, au début de chaque colonne, développait les points essentiels; mais il en est d'autres, d'un intérêt plus général, dont il convient de dire quelques mots, ce sont : 1° l'équipement des hommes; 2° l'organisation et la marche des convois; 3° les règles de l'organisation territoriale après une conquête.

ÉQUIPEMENT DES HOMMES.

Le sac est gênant et inutile; son mode de suspension, déjà critiqué dans les régions tempérées, devient aux colonies une cause d'accidents qui peuvent avoir une certaine gravité : coups de chaleur, etc. Le mieux sera toujours, si les ressources en coolies le permettent, de décharger l'Européen le plus possible; au pis aller, il portera quelques effets de rechange, réduits au strict minimum, roulés dans la couverture portée en sautoir.

L'homme a toujours une tendance à s'encombrer, au départ, de choses inutiles, qu'il jette, le plus souvent, dès la première étape; pourquoi le charger, par exemple, d'une deuxième paire de souliers, et n'est-il pas préférable de n'en donner à chacun qu'une paire en bon état, quitte à faire suivre, au besoin, le détachement d'une petite réserve de chaussures, portée par un coolie ou deux?

Le coupe-coupe, en usage dans les régiments tonkinois, rend les plus grands services; il serait à désirer que chaque Européen en fût pourvu; en revanche, la baïonnette est gênante, ne sert d'une façon effective que dans certains cas très rares; cependant sa suppression pure et simple paraît inadmissible.

Peut-être pourrait-on arriver à trouver un modèle de coupe-coupe léger porté à la ceinture, servant avant tout de coupe-coupe, mais pouvant, lorsque la chose devient nécessaire, être adapté au bout du fusil et devenir une baïonnette.

ORGANISATION ET MARCHE DES CONVOIS.

Un des premiers soins du commandement, sinon le premier, doit être d'assurer le ravitaillement des troupes, et, pour cela, il y a lieu d'apporter un grand soin à l'organisation et à la marche des convois.

Recrutement des coolies. — Dans le calcul du chiffre des coolies nécessaires à une colonne, quand il s'agit de coolies du Delta et qu'on veut leur faire porter deux jours de vivres sur eux, il faut prendre, comme moyenne de charge individuelle, un poids maximum de 18 kilogrammes, de façon que, en y comprenant son bagage individuel, chaque coolie ait à porter un maximum de 20 kilogrammes. Compter sur un poids plus fort est s'exposer à un mécompte.

Le chiffre des porteurs nécessaires pour transporter les bagages d'une colonne étant ainsi calculé, il faut le majorer :

1° De 10 p. 100 pour l'encadrement (doïs et caïs qui ne portent pas). Il serait nécessaire que les cadres fussent désignés à l'avance par l'autorité administrative à qui revient les soins de lever les coolies et choisis de façon à avoir une autorité réelle sur les coolies ;

2° De 25 p. 100 pour faire face aux déchets (coolies manquants, coolies insuffisants, évasions). Cette majoration pourrait être réduite à 5 p. 100 et destinée à faire face seulement aux évasions, si les coolies fournis n'étaient acceptés comme bons qu'après décision d'un médecin ou au moins d'un officier ;

3° De 10 p. 100 pour fournir les coolies haut-le-pied qui sont absolument indispensables si l'on veut avoir les moyens de parer aux circonstances imprévues de la route.

Le nombre total des coolies à demander quand on prépare une colonne dans les conditions actuelles doit donc être celui dont on a besoin réellement, d'après le calcul précédent majoré de 4 p. 100 environ.

Organisation du convoi. — Il est indispensable, surtout avec un gros convoi, de subdiviser, autant que possible, la besogne et la responsabilité. A cet effet, dans une colonne de 400 ou 500 hommes ayant de l'artillerie et un convoi de 12 à 15 jours de vivres, les mesures suivantes peuvent être utilement adoptées.

On admet assez généralement au Tonkin, en raison de la difficulté des voies de communication, que l'unité de commandement de marche et de combat est le groupe mixte de 150 fusils commandés par un capitaine. Cela étant, il y a intérêt à répartir une partie du convoi entre les différents groupes de la colonne en affectant à chacun de ces groupes quatre jours de vivres, par exemple, et le nombre de coolies nécessaires pour les porter. On opère ainsi, par rapport à chaque groupe, comme on opère dans la guerre européenne par rapport à chaque corps de troupe dont le convoi régimentaire comprend non seulement les voitures de bagages, mais encore de quoi porter quatre jours de vivres. Cette répartition entre les groupes des moyens de transports et des approvisionnements, outre le premier avantage de répartir les difficultés de conduite et de surveillance du convoi, présente le deuxième avantage de scinder la colonne en un certain nombre de fractions tout organisées et pouvant, par conséquent, être à chaque instant détachées et opérer isolément pendant quelques jours. Toute opération importante comporte en effet deux phases pendant lesquelles ces sortes de détachements s'imposent : l'investissement et la poursuite ; or, ils auront d'autant plus de chances de donner des résultats que le mouvement aura été fait avec plus de célérité et, par conséquent, que les préparatifs restant à faire auront été réduits dans une plus large proportion.

Il y a également intérêt à réunir sous le commandement unique de l'officier d'artillerie, non seulement la pièce ou les pièces accompagnées de leurs coups de 1re ligne, mais encore, sous le titre de sections de munitions, toute la réserve de munitions d'artillerie et d'infanterie que la colonne doit traîner après elle.

Le commandement de la colonne ne demeure ainsi chargé directement que de ce qui correspond en France au convoi administratif, c'est-à-dire ce qui dépasse les six jours de vivres des groupes (deux jours sur les hommes, quatre jours sur les coolies). Même après ces réductions, le convoi reste encore une lourde charge pour le commandement, dont il ne constitue pas la seule préoccupation. On y pourvoiera en doublant l'encadrement doïs-coolies et caïs-coolies d'un deuxième encadrement plus solide, constitué par un personnel militaire. La meilleure façon de comprendre ce deuxième encadrement semble consister à affecter un nombre d'hommes proportionné à l'effectif des coolies. Ces hommes, choisis avec soin, sont réunis en demi-sections, ou sections, ou pelotons, commandés par un sergent, un adjudant ou officier chef de convoi.

Le chef de convoi reçoit en consigne les approvisionnements dont il est responsable et dont il subdivise la responsabilité entre ses gradés et ses soldats. Chaque soldat européen, aidé de deux tirailleurs, pourrait ainsi être rendu responsable en permanence d'une sorte d'escouade de 25 à 30 coolies, correspondant à un ou deux jours de vivres, qu'ils accompagneront pendant la route et feront placer en lieu sûr à l'arrivée à l'étape.

Enfin, avant de quitter la question proprement dite des coolies, il importe de faire quelques remarques de détails qui ont leur importance :

1° On a une tendance, sous le prétexte d'alléger le convoi, à faire à l'avance des distributions de 4, 5 et même 6 jours de riz aux coolies. Cette pratique est défectueuse pour les deux raisons suivantes : la première est que l'allégement ainsi obtenu est illusoire, car, distribué ou non, ce sont toujours les coolies du convoi qui portent le riz à eux destiné ; la deuxième est qu'il est impossible d'empêcher un être aussi peu discipliné et aussi peu maniable qu'un coolie, de consommer en trois jours, par exemple, les cinq jours de riz qu'il aura reçus. A la fin de la troisième journée, on s'aperçoit alors que les coolies n'ont plus de riz ; comme, en définitive, il faut qu'ils marchent et par conséquent qu'ils mangent, on est bien obligé de leur en donner d'autre ; ce sont, tous comptes faits, deux jours de riz perdus sans aucun avantage ;

2° Il est indispensable, si l'on ne veut pas avoir des mécomptes sur les approvisionnements en riz, de les ensacher sérieusement et autant que possible dans une double enveloppe. Il faut se méfier de la charge trop facilement accessible et surtout du double petit panier porté en balance par un seul porteur : son transport est peut-être plus commode, mais sa surveillance en cours de route est des plus difficiles, et le coolie y puise à volonté et à mesure de son appétit ;

3° Il serait à désirer que les denrées solubles, telles que le sel et le sucre, fussent empaquetées dans des boîtes en fer-blanc étanches.

Transportées dans des sacs elles se fondent sous l'action de la pluie et, au bout de quelques jours, les approvisionnements de ces denrées sont réduits dans des proportions considérables ;

4° Enfin, une autre conclusion est à retenir : c'est qu'il faut éviter à tout prix de transporter ces énormes quantités de riz qui exigent un nombre excessif de coolies qu'on doit nourrir à leur tour. Il en résulte qu'il importe essentiellement de ne pas se laisser acculer au dernier moment à des opérations nécessaires ; mais il faut, autant que possible, les prévoir assez à temps pour procéder d'avance à des achats sur place, ou, mieux encore, s'assurer, par une politique avisée, des bases de ravitaillement naturelles et permanentes avec des centres d'approvisionnement tout constitués.

PRINCIPES DE PACIFICATION ET D'ORGANISATION.

1° *L'organisation administrative d'un pays doit être parfaitement en rapport avec la nature de ce pays, de ses habitants et du but que l'on se propose ;*

2° *Toute organisation administrative doit suivre le pays dans son développement naturel.*

C'est en vertu de ces deux principes absolument généraux que telle méthode, bonne à employer en telle région, est déplorable en telle autre ; que tels procédés administratifs, excellents aujourd'hui en raison de l'état de choses existant, seront à rejeter quelques mois après, si des événements quelconques modifient la situation des contrées où ils sont appliqués. Rien ne doit être plus souple, plus élastique, que l'organisation d'un pays dont l'évolution s'opère sous l'impulsion des agents énergiques que la civilisation et la colonisation européennes mettent en œuvre. C'est au bon sens et à l'initiative des commandants territoriaux en contact direct avec ces populations, que l'administration supérieure doit faire appel pour l'éclairer sur les symptômes révélateurs des changements dans l'état moral et politique des provinces dont ils ont la garde et la surveillance. A toute évolution politique et économique doit correspondre une évolution administrative.

Le meilleur moyen pour arriver à la pacification, avec les ressources restreintes dont nous disposons en général aux colonies, est d'employer l'action combinée de la force et de la politiqne. Il faut nous rappeler que, dans les luttes coloniales que nous impose trop souvent, malheureusement, l'insoumission des populations, nous ne devons détruire qu'à la dernière extrémité et, dans ce cas encore, ne ruiner que pour mieux bâtir. Toujours, nous devons ménager le pays et ses habitants, puisque celui-là est destiné à recevoir nos entreprises de colonisation future et que ceux-ci seront nos principaux agents et collaborateurs pour mener à bien ces entreprises. Chaque fois que les incidents de guerre obligent l'un de nos officiers coloniaux à agir contre un village ou un centre habité, il ne doit pas perdre de vue que son premier soin, la soumission des habitants obtenue, sera de reconstruire le village, d'y créer immédiatement un marché et d'y établir une école. Il doit donc éviter avec le plus grand soin toute destruction inutile.

C'est l'action combinée de la politique et de la force qui doit avoir pour résultat la pacification du pays et l'organisation primitive à lui donner tout d'abord.

Action politique. — L'action politique est de beaucoup la plus importante ; elle tire sa plus grande force de la connaissance du pays et de ses habitants ; c'est à ce but que doivent tendre les premiers efforts de tout commandant territorial. C'est l'étude des races qui occupent une région, qui détermine l'organisation politique à lui donner, les moyens à employer pour sa pacification. Un officier qui a réussi à dresser une carte ethnographique suffisamment exacte du territoire qu'il commande est bien près d'en avoir obtenu la pacification complète, suivie bientôt de l'organisation qui lui conviendra le mieux.

Toute agglomération d'individus, race, peuple, tribu ou famille, représente une somme d'intérêts communs ou opposés. S'il y a des mœurs et des coutumes à respecter, il y a aussi des haines et des rivalités qu'il faut savoir démêler et utiliser à notre profit, en les opposant les unes aux autres, en nous appuyant sur les unes pour mieux vaincre les secondes.

Il n'est pas moins important de chercher et de trouver les raisons qui déterminent certains soulèvements, certains mouvements généraux des populations contre nous.

C'est le plus souvent de la méfiance à notre égard, une répulsion instinctive à admettre la présence des Européens comme chefs, méfiance et répulsion exploitées par des factieux qu'aiguillonnent l'ambition ou les intérêts personnels. Frapper à la tête et rassurer la masse égarée par des conseils perfides ou des affirmations calomnieuses, tout le secret d'une pacification est dans ces deux termes.

En somme, toute action politique doit consister à discerner et mettre à profit les éléments locaux utilisables, à neutraliser et détruire les éléments locaux non utilisables.

L'élément essentiellement utilisable sera, avant tout, le peuple, la masse travailleuse de la population, qui peut, momentanément, se laisser tromper et entraîner, mais que ses intérêts rivent à notre fortune et qui sait bien vite le comprendre, pour peu qu'on le lui indique et qu'on le lui fasse sentir.

L'élément essentiellement nuisible est formé par les chefs rebelles ou insoumis, autour desquels il faut faire le vide, en ruinant leur prestige par tous les moyens possibles, politiques et militaires, par des coups répétés et incessants, jusqu'à leur disparition ou leur soumission complètes.

Il y a, enfin, deux éléments douteux :

1° Le chef indigène, à surveiller de près, à contrôler dans tous ses actes que commandent quelquefois une cupidité insatiable et des intérêts personnels. Quels que soient ses inconvénients, quels que soient les embarras qu'il peut nous causer, il vaut mieux, en général, conserver ce fantôme de pouvoir, auquel l'indigène est plus habitué et derrière lequel nous pouvons manœuvrer plus à l'aise. Un peu de discernement dans son choix, un peu d'habileté à savoir exciter chez lui l'amour-propre et l'ambition, en feront même quelquefois un auxiliaire non à dédaigner;

2° Toute la catégorie des gens autrefois au pouvoir et que notre présence ruine, en tant, du moins, qu'élément politique, et longtemps encore ils dissimuleront, sous des dehors soumis et flatteurs, une rancune au profit de laquelle ils exploiteront nos moindres faiblesses. Une police bien faite et une sage fermeté les tiendront en respect.

Action par la force. — *Tout mouvement de troupes en avant doit avoir pour sanction l'occupation effective du terrain conquis. Ce principe est absolu.*

L'action par la force se comprend sous deux formes : l'action lente et l'action vive.

La première, la plus préconisée et certainement la plus efficace, consiste dans l'occupation, dès le début, par des postes permanents des centres politiques, des points d'où nos adversaires tirent leurs approvisionnements, des voies de communication.

Le reste du pays est nettoyé progressivement, soit par de petites opérations militaires, soit même, et surtout, par la population ralliée à nous et armée, soutenue et ravitaillée en munitions par nos soins. Elle a, pour points d'appui, des postes provisoires qui sont successivement reportés en avant à mesure que l'épuration progresse ; elle est stimulée dans son zèle par des expédients faciles à trouver : des mises à prix de fusils, des récompenses pour les soumissions obtenues, etc. C'est la méthode de la tache d'huile. On ne gagne du terrain en avant qu'après avoir complètement organisé celui qui est en arrière. Ce sont les indigènes insoumis de la veille qui nous aident, qui nous servent à gagner les insoumis du lendemain. On marche à coup sûr et le dernier poste occupé devient, tout d'abord, l'observatoire d'où le commandant du cercle, du secteur, du district, examine la situation, cherche à entrer en relations avec les éléments inconnus qu'il a devant lui, en utilisant ceux qu'il vient de soumettre, détermine les nouveaux points à occuper et prépare, en un mot, un nouveau progrès en avant. C'est la méthode qui ménage le plus le pays et les habitants, et qui prépare le mieux la mise sous notre influence de ces nouveaux territoires. Elle exige, de la part de nos officiers, un ensemble de rares qualités : initiative, intelligence et activité, pour ne laisser échapper aucune occasion de prendre pied dans les contrées encore inconnues et insoumises ; prudence, calme et perspicacité, pour éviter tout échec, qui porte toujours un tort considérable à notre prestige et pour savoir discerner ceux des éléments adverses qu'ils peuvent utiliser pour les nouveaux progrès à accomplir.

Les zones pacifiées reçoivent immédiatement une organisation administrative; elles sont tenues et surveillées par des troupes régulières d'abord, puis, quand le calme est bien rétabli, par de la milice ou simplement des partisans armés; enfin, quand tout danger a disparu, on peut et l'on doit faire rentrer les armes prêtées aux populations qui n'en ont plus que faire.

L'action vive est l'exception : c'est l'action des colonnes militaires. Elle ne doit être mise en œuvre que contre des objectifs bien déterminés, où il y a à faire œuvre de force, la force étant la caractéristique des colonnes; leur durée, à moins de cas de force majeure, ne doit pas dépasser trois mois; au delà, les troupes s'épuisent, les effectifs fondent. L'organisation de ces colonnes varie suivant le but à atteindre : en principe, elles doivent comprendre, comme on a pu le voir, un noyau de troupes européennes renforcées par des troupes indigènes, puis, chaque fois qu'il sera possible, des groupes de partisans qui ne représentent pas un élément bien sérieux de résistance, mais sont utilisables pour éclairer et poursuivre.

Les colonnes, je le répète, doivent être absolument exceptionnelles et employées seulement contre des rassemblements nombreux et dangereux, fortifiés dans des repaires, forêts, cirques, d'où ils menacent la sécurité des régions environnantes et empêchent la soumission et l'obéissance des populations hésitantes, qui n'attendent que la destruction de ces bandes pour reconnaître notre influence; les trois exemples que j'ai donnés sont typiques.

Action politique et action de force sont les deux principaux agents de la première période d'une occupation ou d'une conquête. Si leur combinaison réussit, une deuxième période s'ouvre aussitôt : la période d'organisation, qui a recours à un troisième facteur, l'action économique.

Action économique. Organisation. — Au fur et à mesure que la pacification s'affirme, le pays se cultive, les marchés se rouvrent, le commerce reprend. Le rôle du soldat passe au second plan, celui de l'administrateur commence. Il faut, d'une part, étudier et satisfaire les besoins sociaux des populations soumises; favoriser, d'autre part, l'extension de la colonisation qui va mettre en valeur les richesses naturelles du sol, ouvrir des débouchés au commerce européen.

Ce sont là, semble-t-il, les deux conditions essentielles du développement économique d'une colonie; elles ne sont nullement contradictoires. L'indigène, en général, n'a que fort peu de besoins. Il vit dans un état voisin de la misère, qu'il est humain de chercher à améliorer; mais, le nouveau mode d'existence que nous lui ferons adopter, en créant chez lui des besoins qu'il n'avait pas, nécessitera de sa part des ressources qu'il n'a pas davantage et qu'il lui faudra trouver ailleurs. Il faudra donc qu'il surmonte sa paresse et se mette résolument au travail, soit en faisant revivre des industries languissantes, soit en augmentant ses cultures et en adoptant pour elles des méthodes plus productives, soit en prêtant aux colons européens le concours de sa main-d'œuvre.

Il rentre dans le rôle de nos commandants territoriaux de créer des écoles professionnelles, où l'indigène se perfectionnera dans son métier par l'étude et l'application des moyens que l'expérience et la science nous ont acquis; d'installer des fermes-modèles, où il viendra se rendre compte des procédés de culture plus féconds que nous employons et qu'il ignore; d'encourager la reprise des industries nationales, en facilitant l'établissement des premières fabriques qui s'organiseront et en les subventionnant au besoin; de créer des marchés, francs de tous droits d'abord et qui ne seront imposés que dans la suite, très progressivement, etc.

Il se produira, infailliblement, une augmentation de richesse dans le pays avec, comme conséquence naturelle, un besoin de bien-être, de luxe même, que le commerce européen saura mettre à profit. Il trouvera, dans les produits nouveaux de l'activité que nous aurons ainsi créée, des articles d'exportation qui lui manquent un peu aujourd'hui dans nos colonies et, en tout cas, des ressources locales qui font le plus souvent défaut.

Il serait exagéré de mettre en vigueur des lois somptuaires dont l'application serait délicate et dont le principe est contraire à nos idées libérales et égalitaires; mais il n'y a aucun inconvénient à engager les chefs sous nos ordres à adopter nos vêtements et nos coutumes, à inciter leurs femmes à se débarrasser des oripeaux qu'elles affectionnent souvent, pour se vêtir à l'européenne avec des costumes d'origine française. La vanité et l'esprit d'imitation des indigènes seront, en général, assez puissants pour faire le reste.

La colonisation agricole sera heureuse, d'autre part, d'avoir des agents et des ouvriers rompus à nos méthodes. Nous lui préparererons les voies en déterminant à l'avance les périmètres de colonisation, en lui fournissant la main-d'œuvre par tous les moyens en notre pouvoir, par l'application large et bien entendue des lois sur le travail, que chaque colonie devra rédiger suivant les mœurs de ses habitants et les efforts qu'elle attend d'eux.

A tous la tâche sera facilitée par la connaissance de notre langue, que les indigènes auront acquise dans nos écoles. Un enseignement bien compris et bien dirigé fera, de la génération qui suivra celle qui a subi la conquête, une population qui nous sera toute dévouée et accessible à toutes nos idées.

Le développement progressif du réseau routier ne fera qu'aider à ce résultat.

D'autre part, les commandants territoriaux devront comprendre leur rôle administratif de la façon la moins formaliste. Les règlements, surtout aux colonies et en matière économique, ne posent jamais que des formules générales, prévues pour un ensemble de cas, mais inapplicables parfois au cas particulier. Nos administrateurs et officiers doivent défendre, au nom du bon sens, les intérêts qui leur sont confiés, et non les combattre au nom du règlement.

L'organisation administrative laissera toujours la plus complète initiative aux délégués de l'autorité supérieure. Ils ont toute liberté dans le choix des moyens à employer, mais gardent aussi toute la responsabilité des résultats obtenus. En centralisant dans leurs mains les pouvoirs civil, militaire et judiciaire, on met à leur portée les éléments d'action indispensables à tout administrateur énergique et intelligent.

Dans les territoires militaires, une surveillance plus délicate à exercer fractionne les contrées à peine rentrées dans l'ordre en zones restreintes. Le secteur devient l'unité de commandement. Son rôle, le rôle des commandants de cercle et de territoire, dont l'action régulatrice fait converger vers le même but les efforts des commandants de secteur, sont en premier lieu des rôles presque exclusivement militaires. Le soldat se montre d'abord soldat, emblème de la force nécessaire pour en imposer aux populations encore insoumises ; puis, la paix obtenue, il dépose les armes ; il devient administrateur, sans perdre de vue, toutefois, qu'il se trouve au milieu de populations non encore franchement ralliées et qu'il a pour devoir strict de les surveiller étroitement, utilisant, à ce point de vue, le prestige moral que lui a procuré le succès de la conquête.

Ces fonctions administratives semblent incompatibles, au premier abord, avec l'idée que l'on se fait du militaire dans certains milieux. C'est là, cependant, le véritable rôle de l'officier colonial et de ses dévoués et intelligents collaborateurs, les sous-officiers et soldats qu'il commande. C'est aussi le plus délicat, celui qui exige le plus d'application et d'efforts, celui où il peut révéler ses qualités personnelles ; car détruire n'est rien, reconstruire est plus difficile.

D'ailleurs, les circonstances lui imposent inéluctablement ces obligations. Un pays n'est pas conquis et pacifié quand une opération militaire y a décimé les habitants et courbé toutes les têtes sous la terreur qu'inspirent les procédés qu'elle est obligée d'employer. Le premier effroi calmé, il germera dans la masse des ferments de révolte, que les rancunes accumulées par l'action brutale de la force multiplieront et feront croître encore. Tout au moins il restera dans les esprits une méfiance instinctive, qu'il faut à tout prix calmer. Tant que cette méfiance existera, le régime civil sera prématuré : le conquérant seul est assez fort pour se permettre des actes de clémence que le peuple ne prendra pas pour de la faiblesse et qui le rallieront à nous. L'organisation des territoires militaires, avec sa surveillance étroite, est seule capable de fouiller assez profondément dans les bas-fonds pour en extirper les germes de rébellion qui pourraient y subsister.

Pendant cette période, les troupes n'ont plus qu'un rôle de police qui passe bientôt à des troupes spéciales, milice et police proprement dites ; mais il est sage de mettre à profit les inépuisables qualités de dévouement et d'ingéniosité du soldat français. Comme surveillant de travaux, comme instituteur, comme ouvrier d'art, comme chef de petit poste, partout où l'on fait appel à son initiative, à son amour-propre et à son intelligence, il se montre à hauteur de sa tâche. Et il ne faudrait pas croire que cet abandon momentané du champ de manœuvres soit préjudiciable à l'esprit de discipline et aux sentiments du devoir militaire. Le soldat des troupes coloniales est assez vieux, en général, pour avoir maintes fois parcouru le cycle des exercices et ne plus avoir grand'chose à apprendre dans les théories et assouplissements auxquels on exerce les recrues de France. Les services qu'on réclame de lui, au contraire, entretiennent une activité morale et physique qui est décuplée par l'intérêt de la besogne qui lui est confiée.

En outre, en intéressant ainsi le soldat à notre œuvre dans le pays, on finit par l'intéresser au pays lui-même. Il observe, il retient, il calcule même et souvent, au moment de sa libération, il sera décidé à mettre en valeur quelque coin de terre, à utiliser dans la colonie les ressources de son art, à la faire bénéficier, en un mot, de son dévouement et de sa bonne volonté. Il devient un des plus sérieux éléments de la petite colonisation, complément indispensable de la grande. Dans toutes nos colonies de nombreuses demandes de nos soldats se sont produites dans ce sens. Elles sont à favoriser et à encourager.

Tels sont, sommairement exposés, les principes qui m'ont toujours guidé; la méthode a fait ses preuves au Soudan, au Tonkin et à Madagascar. C'est, je crois, celle qui sait tirer le meilleur parti des qualités de chacun et sait exciter l'amour-propre du dernier des soldats, auquel elle confie une tâche et laisse une responsabilité.

TABLE DES MATIERES

OPÉRATIONS DANS LE YEN-THÉ

(Octobre-Décembre 1895)

Paris. — Imprimerie R. Chapelot et Cᵉ, 2, rue Christine.

Croquis N.° 1.

bar le COLONEL GALLIÉNI

KINH _ 1893 - 94 .

SCHEMA

sition de LUNG-LAT

e par les pirates

seignements fournis

p - thuong de Tran-Yen)

⚔ Ban - du

jour de marche)

⟶

oximative : $\frac{1}{150.000}$

Imp. Dufrenoy

Ca

Nº 1

COLONNES DU HAUT SONG-CAU

H.

D

galang

►Lieut! Hildibrand

inh

ap. Vanier

o *La Hoi*
  3on fusils

▢ o *Ha Dong*
        3oo à 5oo fus

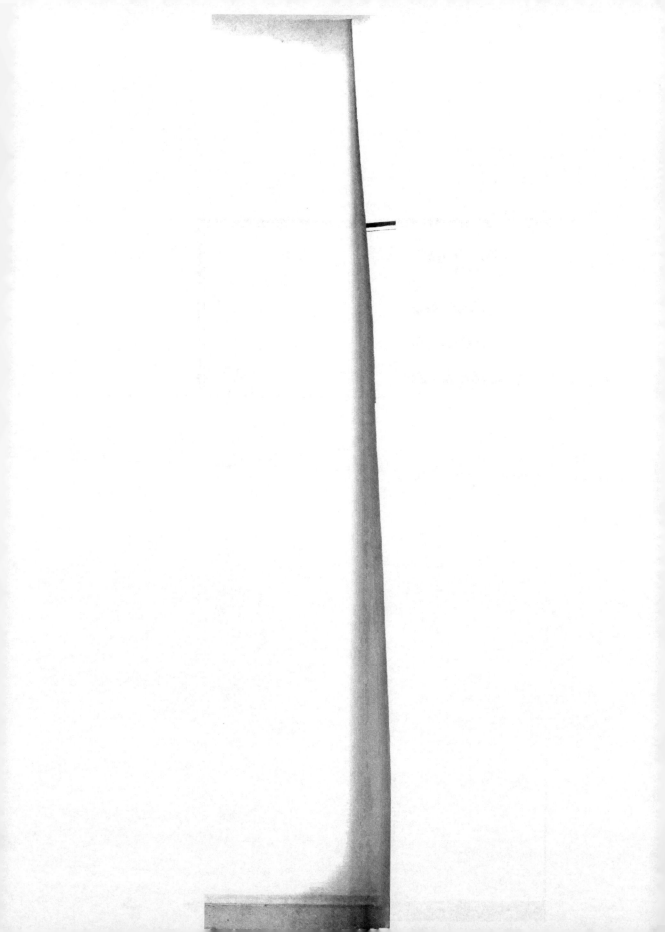

Vu Monh
○

○ Coué Bioc

○ Coué-Hio
○ Xi-Binh-Xa

○ *Vu Monh*

○ *Coué - Bioc*

○ *Coué - Hio*

○ *Binh - Xa*

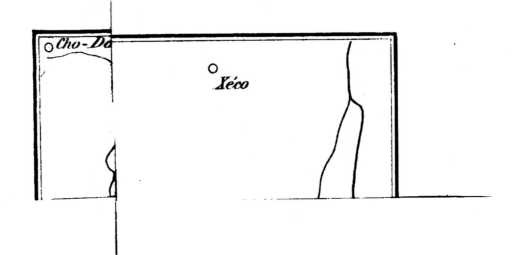

Hoa Phu

Xeco
✗

○ Ban Gia

✗ Na Ri

uong

✗ Ban Tinh

N.
↑

N.º 6

✗   *Postes militaires*

○   *Villages fortifiés*

✗   *Positions pirates*

▨▨▨   *Occupation militaire autour du Territoire de Luong-Tam-Ky*

▬▬▬   *Ancienne étendue du Territoire de Luong Tam Ky*

▨▨▨   *Limites actuelles*   d.º   d.º

Echelle 1 : 400.000

Imp. Deb...

THÉÂTRE DES OPÉRATIONS

dans le

YEN - THE

Légende

▥ *Poste principal*
▧ *Poste secondaire*
▧ *Poste de liaison*
▬▬ *Emplacement des groupes le 29 au matin*
▬▬ *Emplacement des groupes le 29 au soir*

Echelle : 60.000 $\frac{1}{60.000}$

Lightning Source UK Ltd.
Milton Keynes UK
UKOW022001161112

202352UK00011B/74/P